Midjourney for Design
디자인을 위한
미드저니 완벽 활용법

디자인을 위한
미드저니 완벽 활용법

지은이 임장한

펴낸이 박찬규   엮은이 윤가희   디자인 북누리   표지디자인 Arowa & Arowana

펴낸곳 위키북스   전화 031-955-3658, 3659   팩스 031-955-3660

주소 경기도 파주시 문발로 115, 311호(파주출판도시, 세종출판벤처타운)

가격 24,000   페이지 264   책규격 175 x 235mm

초판 발행 2024년 04월 16일

ISBN 979-11-5839-511-7 (13000)

등록번호 제406-2006-000036호   등록일자 2006년 05월 19일

홈페이지 wikibook.co.kr   전자우편 wikibook@wikibook.co.kr

Midjourney for Design

디자인을 위한
미드저니 완벽 활용법

광고부터 캐릭터, 로고, 일러스트레이션, 표지, 포스터, 타이포까지
독창적인 디자인 만들기

임장한 지음

위키북스

서문

챗GPT로 뜨거웠던 지난 2023년, 당시 저는 챗GPT보다 이미지 생성 AI인 미드저니에 더 큰 관심을 갖고 있었습니다. 직접 이미지를 생산할 수 있다는 점은 디자인을 전공한 저에게 충분한 호기심과 기대감을 주었습니다. 그러나 이미지의 품질이 제가 생각했던 수준의 품질이 아님을 깨닫고, 아직 이미지 생성 AI의 기술 수준이 크게 못 미친다고 생각했습니다.

하지만, 그로부터 6개월 뒤, 미드저니의 업데이트 소식을 듣고, 한동안 잊고 지냈던 미드저니를 다시 한번 사용해 보기로 했습니다. 그 결과, 불과 몇 개월 전까지만 해도 전형적인 AI 이미지임을 알 수 있을 정도의 낮은 이미지 품질을 갖고 있던 미드저니가 어느덧 놀라운 이미지 품질을 표현하는 것을 보고 정신이 번쩍 들었습니다. 그리고 저는 직감했습니다. 이미지 생성 AI가 디자인 분야에 엄청난 영향을 미칠 것이라고... 디자인 실무뿐만 아니라 교육에서도 디자인 접근법이 완전히 바뀔 것 같다는 생각이 들었습니다.

실무에서는 미드저니를 활용해서 패키지, 책 표지, 일러스트레이션, 캐릭터 등 다양한 디자인 분야에 활용하기 시작하면서 디자인 프로세스가 완전히 바뀌었습니다. 핀터레스트에서 레퍼런스를 찾는 일이 점차 줄어들었고, 직접 이미지를 생산하는 방식으로 변화한 것입니다.

학생들을 대상으로 하는 디자인 교육 프로세스도 큰 변화를 가져다주었습니다. 디자인 작업 시 AI를 적극적으로 활용할 수 있도록 인공지능을 활용한 디자인에 대한 강의를 진행했고, 이러한 경험을 토대로 그간에 작업했던 내용들을 정리해서 이 책의 원고를 완성하게 되었습니다.

매일 늦은 밤까지 원고를 작성하면서, 변화하고 있는 디자이너의 역할에 대한 생각이 끊이질 않았습니다. AI 시대에 "디자이너는 무엇을 해야 하는가"에 대한 질문이 머릿속에서 맴돌았습니다. 디자이너의 일자리를 AI가 빼앗아 가는 것이 아닐지 걱정되기도 했습니다. 책 원고를 모두 마무리한 지금, 저는 그 해답을 어느 정도 찾았습니다. 그리고 여러분들도 자신만의 해답을 찾을 것입니다. 그 해답은 저마다 다 다를 수 있습니다. 누군가에게는 긍정적인 해답을, 누군가에게는 부정적인 해답을 줄 수도 있습니다. 그러나 확실한 것은 '인간지능'만 활용하는 사람이 아닌, '인공지능'을 활용하는 사람으로 성장해야 한다는 것입니다. 두려움보다는 호기심으로 접근하면 새로운 가능성이 보일 것입니다.

이 책은 디자인을 하기 위해 미드저니를 어떻게 활용할 것인가에 대해 초점이 맞춰져 있습니다. 즉, 특정한 목적에 맞는 이미지를 생성하는 방법에 대해 언급하고 있습니다. 현업에서 디자이너로 일하고 있거나, 디자인에 관심이 있는 학생들이라면, 이 책이 분명히 도움이 될 것입니다. 디자인 개발 시간을 줄일 수 있으며, 번뜩이는 아이디어를 보다 쉽고 빠르게 얻을 수 있을 것입니다. 디자인의 퀄리티는 더 높아질 것이며, 디자인이 더 즐거워질 것입니다. 이 책이 AI에 대한 여러분의 생각을 호기심과 기대감으로 바꾸고, 여러분이 하고자 하는 디자인에 조금이나마 도움이 되었으면 좋겠습니다.

끝으로, 미드저니에 대한 책을 쓸 수 있도록 직간접적으로 도와주신 분들과 이 책이 만들어져 대중들에게 배포될 수 있도록 도움 주신 모든 분께 진심으로 감사의 말씀을 전합니다.

감사합니다.

지금, 미드저니 공부할 때
바캉스 가서도 미드저니 공부하자

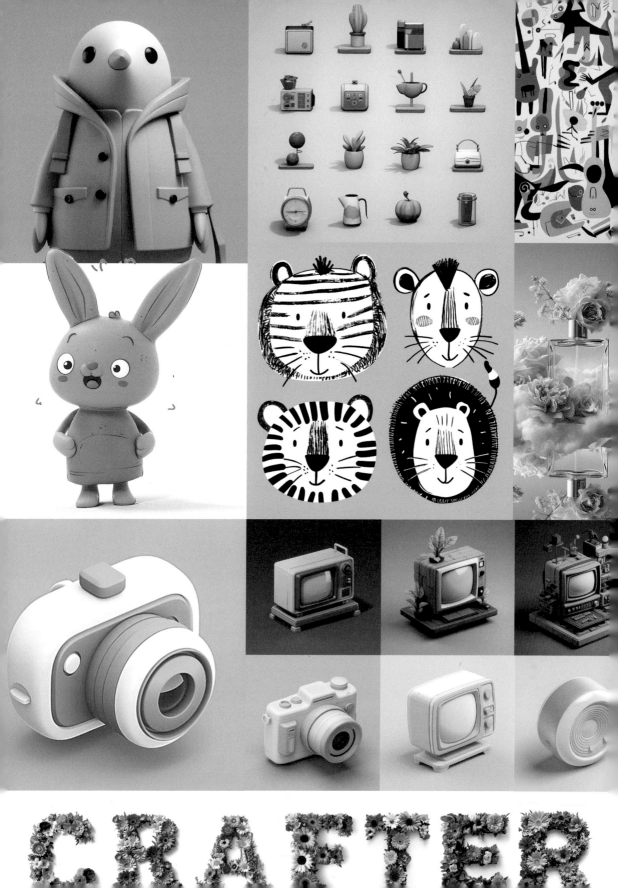

파도가
보이는
편의점

CRAFTER

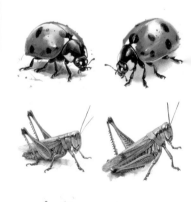

수상한 호텔리어

홍길동 장편소설　　　편의점 출판사

전례없는 변화의 시대

우리는 지금, 인공지능(AI)이 창조와 혁신의 전면에 서 있는 시대에 살고 있습니다. 지금도 수많은 인공지능 서비스가 생겨나고 있으며, 마치 생태계 교란종처럼 우리가 지금까지 해왔던 일의 방식을 완전히 바꾸고 있습니다. 전례 없는 변화의 시대가 온 것입니다. 인공지능 기술의 급속한 발전은 우리의 일상, 일터, 심지어 우리의 생각하는 방식에까지 깊숙이 침투하고 있습니다. 이러한 변화는 거스를 수 없는 흐름이 되었고, 우리는 이에 적응해야만 합니다. 그러나 변화를 받아들이지 않고 늘 하던 방식을 고집하는 사람들이 아직까지는 많으며, 새로운 변화에 관심을 갖고 받아들이는 사람들은 소수에 불과합니다.

고품질의 이미지 생성 인공지능, 미드저니

이미지 생성 인공지능은 특히 디자인 분야에서 획기적인 변화를 가져오고 있습니다. 인공지능이 디자인 분야에 거대한 파도처럼 밀려오고 있지만, 많은 디자이너들은 다량의 업무 속에서 파도를 쳐다볼 여유조차 없습니다. 사실 파도 밑 바다 속은 엄청난 소용돌이를 일으키고 있는데도 말이죠. 그리고 이러한 소용돌이를 선도하고 있는 인공지능 중 하나가 바로 미드저니입니다. 많은 이미지 생성 인공지능이 있지만, 미드저니는 사용하기 편하고, 이미지의 퀄리티가 상대적으로 높기 때문에 많은 사용자를 보유하고 있습니다.

이미 실무에 활용되고 있는 AI

이미 광고 분야에서는 이미지 생성 인공지능이 적극적으로 활용되고 있습니다. 삼성생명이나 11번가는 미드저니를 활용해 광고를 제작했으며, 인공지능을 활용한 광고라는 이유로 매우 큰 관심을 받았습니다. 그 외에도 우리가 보는 광고 속 이미지가 실사 이미지가 아닌 미드저니로 만든 이미지일 가능성도 높습니다. 이처럼 미드저니가 상업적 창작의 파트너로 자리잡고 있는 이유는 머신러닝과 대규모 데이터셋을 기반으로 사용자의 지시에 따라 놀라울 정도로 정교하고 창의적인 이미지를 생성할 수 있기 때문입니다.

AI를 대하는 우리의 태도

AI는 빠른 시간 안에 다양한 디자인 시안을 제공하며, 이를 통해 디자이너는 다양한 레퍼런스와 창의적 아이디어를 쉽게 얻을 수 있습니다. 이처럼 AI를 활용한 디자인 프로세스는 머지않아 일반화 될 것입니다. 빠르고 광범위한 변화에 적응하기 위해서는 우리 모두가 AI에 대한 관심을 갖고, 변화하는 환경에 유연하게 대응하는 자세가 필요합니다. 그러나 이러한 변화가 우리에게 두려움으로 다가올 수 있습니다. 그 불안을 없앨 수 있는 방법은 우리가 인공지능을 활용하는 방법에 익숙해지는 것입니다. 막연한 두려움보다 인공지능의 활용 방법을 모색하고, 이를 통해 새로운 기회를 창출해야 합니다. 미래의 디자이너는 단순히 형태와 색상을 조합하는 사람이 아니라, AI와 상호작용하며 새로운 가치를 창출하는 전문가 될 것입니다. 디자이너는 인간적인 감성과 창의성을 AI가 생성한 결과물에 녹여내야 합니다. 인공지능과 인간지능이 적절히 조화를 이룬다면 최고의 결과물을 낼 수 있을 것입니다.

목차

목차

03장
미드저니 파라미터의 이해
원하는 이미지를 뽑기 위한 파라미터 설정법

목차

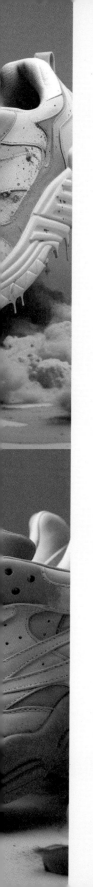

목차

목차

01
미드저니
시작하기

미드저니, 어떻게 활용할 것인가

최근 몇 년 사이, 이미지 생성형 인공지능(Artificial Intelligence, AI) 기술은 급속도로 발전하며 디자인 분야에 혁신적인 변화를 가져오고 있습니다. 시각, 제품, 건축, 환경, 패션 등 거의 모든 디자인 영역에서 이미지 생성 AI가 활용되기 시작했고, 디자인 분야에서 AI의 활용은 기존의 창작 방식과 디자인 전략의 변화를 가져오고 있습니다. 이러한 변화는 디자인 프로세스의 효율성을 높이고, 디자이너에게 더욱 다양한 영감을 주는 역할을 합니다. 기존에는 창의적 결과물을 얻기 위해 상당한 시간과 노력이 필요했다면, 이제는 AI의 도움으로 이러한 과정이 대폭 단축되고, 보다 손쉽게 창의적인 디자인을 탐색할 수 있게 되었습니다. 예를 들어, 10만 팔로워를 보유한 디지털크리에이터 보니 카레라(Bonny Carrera)[1]는 톡특한 의자 디자인으로 시작해, 현재는 다양한 과일, 꽃, 식품 등 식물을 이용해 독특한 패션디자인을 선보이며 큰 호응을 얻고 있습니다. 40만이 넘는 팔로워를 보유하고 있는 앙브레 도나디오(Ambre Donadio)[2]도 건축, 인테리어, 가구, 제품 등을 AI로 지금까지 흔히 볼 수 없는 이미지를 생성하여 엄청난 호응을 얻고 있습니다. 이는 AI가 없을 때는 상상할 수 없는 일이었지만, 이제는 조금만 노력하면 누구나 독특한 이미지를 생산해 낼 수 있습니다.

현재 많은 이미지 생성 AI가 있지만, 미드저니(Midjourney)와 달리(DALL.E), 스테이블 디퓨전(Stable diffusion) 등이 대표적인 이미지 생성 AI라고 할 수 있습니다. 그중에서 가장 이미지 품질이 좋고, 활용성과 접근성이 뛰어난 AI는 단연코 미드저니가 아닐까 합니다. 앞서 언급한 것처럼 미드저니는 모든 디자인 분야에서 활용이 가능합니다. 과거에는 디자이너가 레퍼런스 구축을 위해 핀터레스트를 방문했다면, 이제는 미드저니로 서서히 옮겨가고 있는 추세입니다. 광고, 캐릭터, 건축, 패션, 제품 디자인 등의 영역에서 미드저니가 디자이너에게 주는 영감은 매우 강력하기 때문입니다.

---

1 인스타그램 @bonnycarrera
2 인스타그램 @ambre_ai

물론, 디자인 분야에 따라 미드저니의 활용성은 달라질 수 있습니다. 대표적으로 아이덴티티 디자인은 인공지능을 활용한 디자인의 가능성과 한계가 명확히 존재합니다. 아이덴티티 디자인은 철학과 이념, 비전이라는 인간의 정신을 시각적 형태로 담고 있어야 하는데, 이를 사람이 인공지능에게 전달하는 것도, 인공지능이 이해하는 것도 쉽지 않기 때문입니다. 심볼, 로고를 단순히 시각적으로 보기좋은 형태로 만드는 것은, 보기는 좋지만 맛없는 음식과 같습니다. 심볼마크나 워드마크와 같은 분야에서는 게슈탈트 심리학에 따른 폐쇄성의 원리와 기하학적 표현이 들어간 경우가 많은데, 이러한 부분은 AI보다 디자이너의 역할이 더욱 강조됩니다.

그럼에도 미드저니는 다양한 스타일과 콘셉트를 신속하게 구현할 수 있는 능력을 갖추고 있어 엠블럼이나 마스코트 디자인과 같은 아이덴티티 디자인에는 시간과 노력을 절감할 수 있는 장점이 있습니다. 이처럼 미드저니는 특정 분야에서 강점을 보이는 동시에, 분명한 한계점 또한 가지고 있기 때문에 경우와 목적에 맞게 적절히 활용해야 할 것입니다.

따라서 디자이너에게 필요한 역량이 한 가지 더 추가되었습니다. 바로 인공지능 활용 역량입니다. 기존의 전통적인 디자인 프로세스를 고수하지 않고, 급변하는 디자인 트렌드에 맞게 인공지능에 대해 지속적인 관심을 가져야 합니다. 디자인 분야는 수학이나 언어처럼 변하지 않는 학문이 아닌, 계속해서 발전하고 변화하는 학문임을 받아들이고, 끊임없이 학습해야 하는 학문임을 인정하는 것이 디자이너로서의 역량을 키우는 중요한 방법일 것입니다.

미드저니를 활용한 작업 사례

앞서 언급한 것처럼, 미드저니는 시각, 제품, 건축, 환경, 패션 등 거의 모든 디자인 영역에서 활용되고 있습니다. 삼성생명 TV CF, 11번가 프로모션 홈페이지와 같이 이미 상업용으로 활용하면서 업무 효율을 높이고 있으며, 인스타그램이나 유튜브와 같은 SNS에서도 인공지능 이미지를 적극적으로 활용하고 있습니다.

인공지능으로 만든 삼성생명 TV CF (출처 : 삼성생명 유튜브)

위 삼성생명 TV CF 광고는 인공지능 이미지로 광고를 만들었다는 이유로 큰 이슈가 된 영상입니다. 광고에 나오는 인물, 풍경 등 모든 이미지를 미드저니로 생성하고, 배경음악도 AI로 만들어서 삽입했습니다. 당시 미드저니의 버전이 다소 낮아서 인물의 퀄리티가 100% 사진에 가깝다고는 할 수 없었지만, 인공지능의 상업적 활용 가능성이 대두되는 시발점이 된 영상이라고 할 수 있습니다.

◎ 이 광고의 모든 이미지와 배경음악은 AI로 생성되었습니다

◎ 이 광고의 모든 이미지와 배경음악은 AI로 생성되었습니다

◎ 이 광고의 모든 이미지와 배경음악은 AI로 생성되었습니다

미드저니로 만든 11번가 프로모션 이미지 (출처 : 11번가)

11번가는 프로모션 디자인에 미드저니로 만든 이미지를 사용했습니다. 애초에 여름 바캉스 프로모션 '지금, 바캉스를 준비할 때'에 미드저니를 활용한 이미지를 사용한다고 밝히기도 했습니다. 이 프로모션 이미지는 담당 디자이너가 입력한 프롬프트를 기반으로 미드저니가 이미지를 생성하면, 디자이너가 원하는 결과물을 얻을 때까지 프롬프트를 수정해서 만든 이미지입니다. 원하는 이미지를 얻은 다음 이를 바탕으로 텍스트 입력, 색보정 등 디자이너의 후반 작업을 거쳐 최종 프로모션 이미지를 완성한 것입니다. 미드저니는 아직까지 한글 텍스트를 인식하지 못하며 영문 텍스트도 완벽하게 표현하지 못하기 때문에 디자이너의 마무리가 필요합니다.

특히 11번가는 후작업 과정까지 생성형 AI를 활용하는 전방위적 적용을 실험하고 있으며, 다양한 행사에도 AI가 생성한 이미지를 활용하고 있습니다. 11번가의 디자이너는 생성형 AI의 활용은 일하는 방식의 혁신이며, 업무 효율성을 높여 오히려 디자이너의 역량 발휘를 배가할 수 있는 기회라며, 앞으로도 적극적으로 AI를 활용할 계획임을 밝히기도 했습니다.

그럼 지금부터 인스타그램에서 큰 인기를 얻고 있는 계정 몇 개를 살펴보겠습니다. 그 첫 번째로, ambre_ai 인스타그램 계정을 소개합니다. 프랑스 디지털 크리에이터인 앙브레 도나디오가 운영하는 계정이며, AI를 활용한 독특한 가구, 인테리어, 건축 작업으로 유명합니다. 그녀의 창작물은 흔히 볼 수 없는 창의적인 오브젝트들로 이루어져 있는데, 바로 실제 제품으로 출시해도 좋을 정도로 실용적인 것도 포함되어 있습니다.

실용적이면서도 독특한 인테리어 가구 (출처 : @ambre_ai 인스타그램)

이러한 작품을 볼 때마다 미드저니의 세계는 무궁무진함을 다시 한번 느낍니다. 미드저니나 다른 이미지 생성형 AI의 가능성을 미리 짐작하고, 이를 자신의 관심 분야에 적극적으로 활용한 사례라고 할 수 있습니다.

다음으로, shael.ai는 쉐일 파텔(Shail Patel)이 운영하는 인스타그램 계정입니다. 쉐일 파텔은 건축가이지만, 패션, 자동차 등 다양한 분야에서 미드저니를 활용하여 혁신적인 이미지를 만들고 있습니다. 그가 만든 작품들은 대부분 실용적이지 않은 것처럼 보이지만, 창의적 아이디어를 주기에는 매우 흥미로운 작품들입니다. 그의 작품은 사실 상상하기도 힘들 정도로 창의적이며, 보는 것만으로도 재미를 주는 이미지입니다. 이러한 작품은 미드저니의 이미지 합성 방법과 적절한 프롬프트에 대해 이해하고 있다면 여러분도 충분히 만들 수 있습니다.

다양한 콘셉트의 독특한 건축물 (출처 : @shael.ai 인스타그램)

마지막으로 bonnycarrera를 소개합니다. 보니 카레라는 과일과 식물을 모티브로 한 의자 디자인으로, 단순하지만 흥미로운 형태, 독특한 질감을 표현하고 있습니다. 실용성보다는 창의적인 아이디어에 초점을 두고 있으며, 최근에는 의자 디자인을 멈추고, 과일과 식물을 활용한 독특한 패션 디자인에 중점을 두고 있습니다. 이처럼 과거에는 상상할 수 없었거나, 많은 시간을 투자해서 새로운 아이디어를 만들어냈다면, 이제는 미드저니를 통해 창의적인 레퍼런스를 만들어낼 수 있습니다.

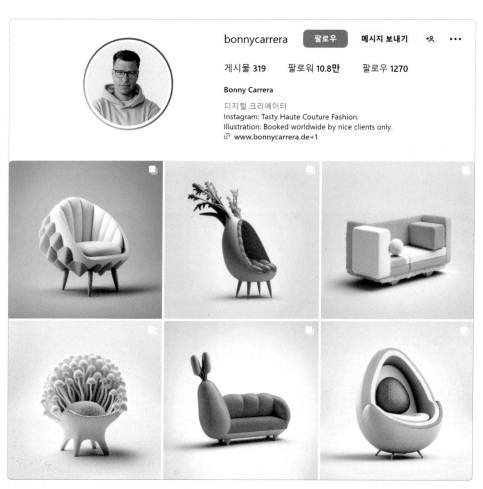

채소나 과일 등의 형태로 이루어진 귀여운 의자들 (출처 : @bonnycarrera 인스타그램)

디스코드 가입 및 미드저니 구독하기

미드저니를 사용해본 적이 없고, 디스코드를 이용해보지 않은 분들은 처음에 많이 혼란스러워 합니다. 아직까지는 미드저니가 자체적으로 서비스를 하고 있지 않아서 디스코드를 통해 미드저니를 이용해야 하기 때문입니다. 이해를 돕자면, 디스코드라는 거대한 쇼핑센터 안에 미드저니라는 전용 쇼핑몰이 있다고 생각하면 됩니다. 미드저니를 사용하려면 먼저 디스코드를 방문해야 하고, 디스코드 안에서 미드저니를 설치한 후 사용하는 과정을 거칩니다.

그렇다면 디스코드는 무엇을 하는 사이트일까요? 디스코드는 소셜 플랫폼으로, 음성 통화, 비디오 통화, 텍스트 메시징, 그리고 미디어와 파일 공유를 통한 커뮤니케이션을 지원하는 곳입니다. 사용자들은 개인적인 대화나 '서버'라 불리는 가상 커뮤니티에서 대화를 나눌 수 있습니다. 2021년 기준으로 전 세계 3억 5천만 명 이상의 사용자가 등록돼 있을 정도로 많은 사용자를 보유하고 있습니다.

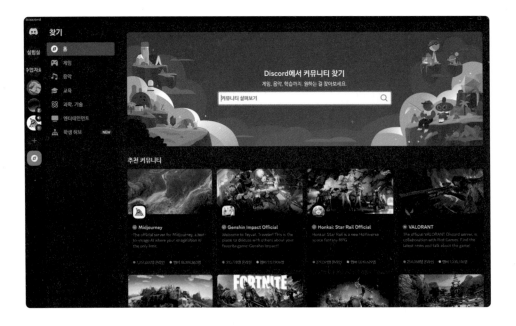

디스코드 사이트 가입하기

01. 네이버나 구글 검색창에서 '디스코드'로 검색해 디스코드 웹사이트에 접속합니다. 디스코드 사이트에 접속한 다음 오른쪽 위에 있는 [Login] 버튼을 클릭합니다.

02. 로그인 화면이 나오면 로그인 버튼 아래에 있는 [가입하기] 링크를 클릭해 계정을 만들 수 있는 페이지로 이동합니다 (계정이 있다면 바로 로그인합니다).

03. 계정 만들기 페이지가 나오면 이메일, 사용자명, 비밀번호, 생년월일 등 인적사항을 기입하고 [계속하기] 버튼을 누릅니다.

그러면 작성한 이메일 주소로 인증 메일이 발송되고, 이메일로 접속해 인증 과정을 거치면 가입이 완료됩니다.

디스코드에 접속해서 미드저니 설치하기

디스코드 계정이 만들어졌으면 디스코드 메인 페이지에서 [Windows용 다운로드] 또는
[웹브라우저에서 Discord 열기]를 클릭합니다. [Windows용 다운로드]는 내 컴퓨터에 디
스코드를 설치하는 것이고, [웹브라우저에서 Discord 열기]는 인터넷 브라우저상에서 디
스코드에 접속하는 것입니다. 어느 곳으로 들어가든 상관은 없습니다.

01. 디스코드에 접속한 다음 왼쪽을 보면 나침반 아이콘이 보입니다. 나침반 아이콘은 여러 커뮤니티를
    보여주는 역할을 합니다. [나침반] 아이콘을 클릭합니다.

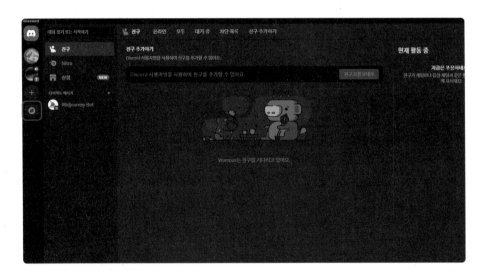

02. 나침반 아이콘을 클릭하면 이미지와 함께 추천 커뮤니티 목록이 나옵니다. 돛단배 모양의 [미드저니] 아이콘을 클릭합니다.

03. 'Midjourney에 오신 것을 환영합니다!'라는 팝업창이 나오면 아래에 있는 [Getting Started]를 클릭합니다.

04. 브라우저 상단을 보면 군청색 긴 바가 보입니다. 바 위에 있는 [Midjourney에 참가하기] 버튼을 클릭합니다. 그러면 본격적으로 미드저니 작품들을 실시간으로 감상할 수 있습니다.

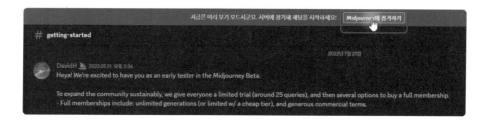

05. [Midjourney에 참가하기] 버튼을 누르면 왼쪽 영역에 newbies 목록이 보입니다. [newbies−숫자]를 클릭하면 사람들이 미드저니에서 생성하는 이미지를 실시간으로 볼 수 있습니다.

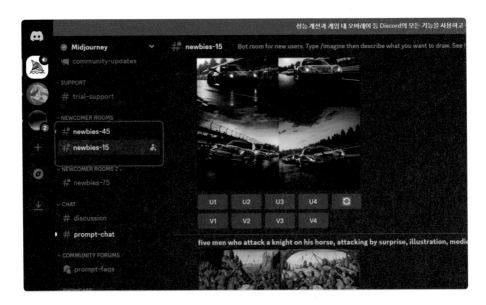

06. 디스코드 하단에 보면 ⊕모양의 아이콘과 함께 텍스트를 입력하는 창이 있습니다. 이 입력창은 이미지를 생성하기 위해 프롬프트를 입력하는 곳입니다. 이미지를 생성하려면 먼저 '슬래시(/)'를 입력하고, 'imagine'을 입력해야 합니다. '/ima'까지만 입력해도 자동완성으로 보여집니다. 자동완성된 '/imagine'을 클릭합니다.

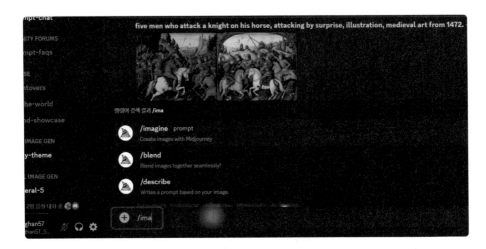

07. 오른쪽 이미지와 같이 'character design'이라
고 입력한 후 Enter 키를 누릅니다. 만약 미드
저니를 구독한 상태라면 이미지를 생성해 줄 것
입니다. 그러나 우리는 아직 구독한 상태가 아
니기 때문에 단계 8과 같은 이미지가 나올 것입니다.

08. '미드저니를 시작하려면 서비스 약관에 수락해야 합니다.'라는 문구가 나옵니다. [Accept ToS] 버튼
을 클릭해 수락합니다.

나에게 맞는 미드저니 구독하기

01. 이제 구독을 진행해야 합니다. 미드저니는 전면 유료화로 전환되면서 구독하지 않으면 사용할 수가
없습니다. 구독을 위해 프롬프트 입력창에 '/subscribe'를 입력하고 Enter 키를 누릅니다.

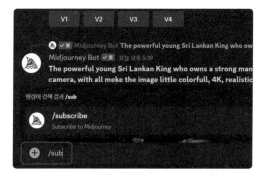

02. [Manage Account] 버튼이 나오며 이 링크는 누구와도 공유하지 말라고 써 있습니다. [Manage Account] 버튼을 클릭하면 구독 페이지로 이동합니다.

03. 아래와 같은 구독 페이지가 보입니다. 처음에는 아래 이미지와 같이 영문으로 보이는데, 웹사이트 빈 공간에서 마우스 오른쪽 버튼을 클릭하고, [한국어로 번역]을 누르면 한글로 보입니다. 8달러부터 96달러까지 다양한 사양으로 구독할 수 있는 [Subscribe] 버튼이 있으며, 페이지를 한국어로 번역했다면 버튼이 [구독하기]로 보일 것입니다.

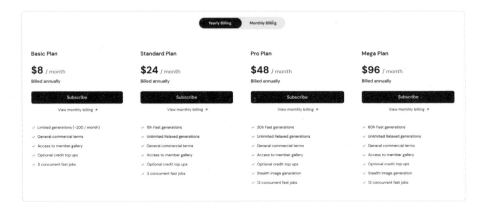

04. 기본적으로 연간 청구가 선택돼 있는데, 연간 요금을 한번에 결제하는 것은 부담스럽습니다. 오른쪽의 [Monthly Billing]버튼을 눌러 월 단위로 결제되게 합니다. 월별 청구는 연간 청구보다 약간 더 비싸지만, 매월 결제하는 방식이므로 원하는 때에 얼마든지 취소할 수 있습니다. 원하는 플랜의 [Subscribe] 버튼을 누르면 카드 결제 화면이 나오며, 카드 정보를 입력하여 결제하면 미드저니를 사용할 수 있습니다.

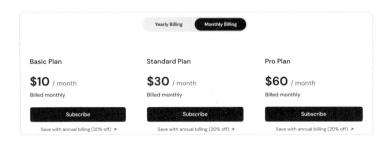

TIP 미드저니 플랜 살펴보기

Basic Plan

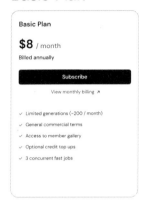

베이직 플랜은 연간 결제로 하면 $8, 월별 결제로 하면 $10입니다. (~200/month)라고 되어 있는데, 이는 이미지를 빠르게 생성할 수 있는 시간을 월 200분 가량의 준다는 뜻입니다. 200분의 시간은 이미지가 생성되는 시간입니다. 미드저니에서는 공식적으로 1시간에 60장(240개 시안)의 이미지를 생성할 수 있다고 말하고 있습니다. 며칠마다 가끔씩 이미지를 생성하는 경우라면 부족함 없이 사용할 수 있습니다.

Standard Plan

스탠다드 플랜은 가장 많이 사용하는 플랜입니다. 월별로 결제하면 $30이며, 15시간이 제공됩니다. 기본 플랜이 약 3시간인 걸 감안하면, 가성비가 있어 보입니다. 이미지 생성 횟수가 잦은 분들에게 적합합니다. 물론 하루의 상당 부분을 미드저니로 여러 가지 테스트를 한다면 부족할 수도 있습니다. 우선 베이직 플랜을 사용해보고, 부족하면 스탠다드 플랜, 이마저도 부족하면 프로 플랜을 사용하는 것을 추천합니다.

Pro Plan / Mega Plan

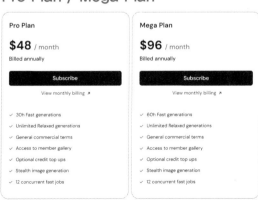

프로 플랜과 메가 플랜이 다른 플랜과 갖는 가장 큰 차이는 스텔스 이미지 생성 기능입니다. 이 기능은 내가 생성한 이미지를 다른 사람이 볼 수 없게 하는 기능입니다. 12개의 이미지를 동시에 생성할 수 있는 것도 장점입니다.

자동결제 취소하기

결제 후 그냥 두면 구독이 끝난 후 바로 자동결제가 이뤄집니다. 그래서 자동결제가 되지 않게 하려면 플랜을 취소해야 합니다. 구독 관리 페이지에서 오른쪽 위에 있는 [Cancel Plan] 버튼을 누르면 팝업창이 나오고, 팝업창에서 [Confirm Cancellation] 버튼을 누르면 자동결제를 취소할 수 있습니다. 그러면 구독기간 종료 후 미드저니를 사용할 수 없으며, 다시 결제를 진행해야 합니다.

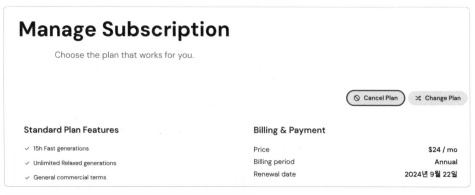

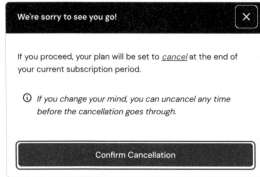

미드저니 기본 인터페이스의 이해

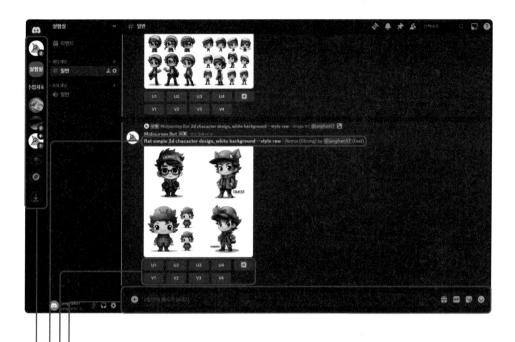

- 서버는 나만의 작업 공간이라고 생각하면 됩니다. 그림, 캐릭터, 건축 등과 같은 카테고리로 나눠서 따로 작업하면 좋습니다. 서버를 추가하는 방법은 29페이지의 '나만의 작업 공간 만들 기'에서 설명하겠습니다.

- 입력한 프롬프트 내용을 보여줍니다. 프롬프트를 복사해서 다시 사용하는 경우는 생각보다 많 아 자주 복사하게 됩니다.

- 4개의 이미지 중 하나를 업스케일 하거나, 원하는 시안 하나를 정해서 비슷한 콘셉트로 응용 시안을 얻을 수 있습니다. 이미지 하나를 빼내면 해당 부분의 메뉴가 달라집니다.

- 프롬프트를 입력하거나 미드저니 기능을 활용하기 위해 입력하는 공간입니다. 기본적으로 '슬래시(/)'를 먼저 입력하고 여러 가지 기능에 해당하는 단어를 입력합니다. 매우 중요한 부분 이므로 이미지를 만들어 보면서 본격적으로 이야기 나누겠습니다.

이미지 업스케일과 이미지 응용 시안 만들기

미드저니로 이미지를 생성하면 다음과 같이 4개의 시안을 제시해 줍니다. 왼쪽 위부터 오른쪽으로 1번, 2번, 3번, 4번 순으로 순서가 지정되어 있습니다.

1. 이미지 업스케일([U1] ~ [U4])

U는 업스케일(Upscale)의 약자이며, [U1]은 왼쪽 위의 1번 이미지를, [U4]는 오른쪽 아래의 4번 이미지에 대해 사이즈를 키우겠다는 의미입니다. 마음에 드는 이미지 시안이 있을 때 해당 시안만 별도로 빼내서 수정 보완하는 작업을 진행할 때 쓰입니다.

예를 들어, 3번 이미지가 마음에 든다면 [U3] 버튼을 클릭해서 3번 이미지만 따로 빼내는 것입니다. 3번 이미지만 따로 빼내 보겠습니다.

3번 이미지, 즉 세 번째 이미지를 따로 빼 냈습니다. 이미지 하나를 업스케일 하면 다음과 같이 메뉴가 달라집니다. 업스케일 한 이미지를 어떻게 수정할지에 대한 메뉴들입니다. 현재 상태는 실제로 업스케일 됐다기보다는 하나의 이미지를 따로 빼냈다는 의미입니다. 따라서 실제로 이미지 사이즈를 키우려면 이 화면에서 [Upscale] 버튼을 클릭해야 합니다.

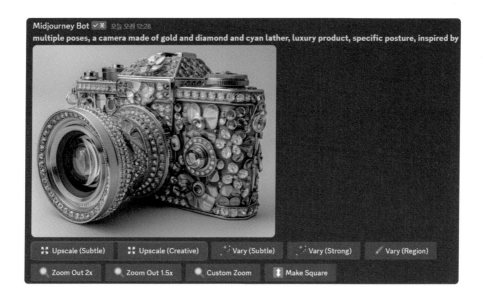

2. Upscale (Subtle)

이미지를 4배 크기로 키우면서 원본 이미지와 최대한 동일하게 키웁니다. 원본과 동일한
이미지를 크기만 키울 때 사용합니다.

3. Upscale (Creative)

이미지를 4배 크기로 키우면서, 세부적인 부분을 약간 다르게 응용해서 표현합니다. 전체
적인 이미지 형태는 변화가 없지만, 자세히 보면 질감이나 채워진 색이 약간씩 다를 수 있
습니다. 다음 이미지로 그 차이를 비교해 보겠습니다.

| 원본 이미지 | Upscale (Subtle) | Upscale (Creative) |

꽃 액세서리 부분을 자세히 보기 바랍니다. 원본과 왼쪽의 Upscale (Subtle) 이미지는 질감이 동일하게 표현됐지만, 오른쪽의 Upscale (Creative) 이미지는 질감이 다르게 표현됐습니다. 그 외 다른 부분도 질감이 약간씩 다른 걸 확인할 수 있습니다.

이제 오른쪽의 [Vary] 버튼에 대해 알아보겠습니다. Vary는 Variation의 약자라고 보면 됩니다. 비슷한 콘셉트로 변화를 주는 메뉴입니다.

4. Vary (Subtle)

이미지의 변화를 최소화 하면서 4개의 시안을 만들어 줍니다. 업스케일 한 이미지가 거의 완벽할 경우, 변화를 최소화하면서 추가적으로 시안을 뽑을 때 사용합니다.

5. Vray (Strong)

이미지의 변화를 많이 주면서 4개의 시안을 만들어 줍니다. 물론 기본적인 콘셉트는 동일하게 유지하며 최대한 변화를 줍니다. 업스케일 한 이미지가 마음에 들지만 조금 더 변화를 주고 싶을 때 사용합니다.

오른쪽의 건축물 이미지를 기준으로 테스트
해보겠습니다.

Vary (Subtle)은 원본의 콘셉트를 그대로 유지하면서 약간의 변화만 주어진 4개의 시안이 완성됐습니다.

Vary (Strong)은 원본의 콘셉트를 그대로 유지하지만, 바라보는 각도와 오브젝트 등의 변화가 상대적으로 큽니다.

6. Vray (Region)

이미지의 일부에 변화를 줄 때 사용합니다. 특정 영역에 새로운 오브젝트를 추가할 수도 있고, 색상만 변경할 수도 있습니다. [Vary (Region)] 버튼을 클릭하면 아래와 같은 창이 나옵니다.

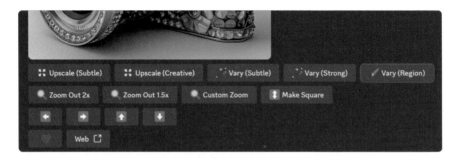

왼쪽 아래에 있는 사각형 선택툴로 수정하고자 하는 영역을 드래그해서 지정한 다음 프롬 프트 내용을 모두 지우고 'monster'라고 입력한 다음 오른쪽 화살표를 클릭하면 해당 영역 에 괴물이 추가됩니다.

괴물이 추가되긴 했는데, 많이 어색합니다. 아직까지 주변과의 조합을 완벽히 표현하지는 못하고 있습니다. 다만, 아래와 같이 의상이나 색상의 변화는 제대로 표현되는 경우가 많으니 적절히 활용하면 됩니다.

아래 그림은 몸 부분만 영역을 설정해서 수박 스타일의 옷으로 변경한 예입니다. 비교적 잘 적용된 것을 확인할 수 있습니다.

7. Zoom Out 2x, Zoom Out 1.5x, Custom Zoom

카메라를 뒤로 빼면서 촬영하는 것처럼 주변 영역을 더 넓혀서 이미지를 생성할 수 있습니다.

원본이미지

Zoom Out 2x 이미지

위 이미지처럼 원본 이미지를 Zoom Out 2x로 했더니 사방으로 새로운 오브젝트와 배경을 만들어 주었습니다. Zoom Out 2x는 두 배로 넓게, Zoom Out 1.5x는 1.5배로 넓게 이미지를 만들어 줍니다. Custom Zoom은 사용자가 값을 직접 입력할 수 있습니다.

8. 방향키로 영역 늘리기

방향키 모양 버튼을 누르면 해당 방향으로 이미지를 추가로 생성해 줍니다. 아래의 원본 이미지에서 [왼쪽 화살표] 버튼을 클릭하면 미드저니가 알아서 유사한 콘셉트로 추가 공간을 만들어 줍니다.

원본 이미지

왼쪽 영역을 넓힌 이미지

9. [V1] ~ [V4]

V는 Variation의 약자로, 이미지를 변화시키기 위한 버튼입니다. 즉, 네 개의 이미지 중에서 마음에 드는 이미지 하나를 선정해서 해당 이미지 스타일로 변화를 주는 것입니다. 만약 마음에 드는 이미지가 네 번째 이미지라면 [V4] 버튼을 클릭합니다. 그러면 아래 그림처럼 네 번째 이미지와 유사한 스타일로 4개의 시안을 제시해 줍니다. 물론 프롬프트를 수정하거나 보완해서 다른 이미지로도 연출할 수 있습니다.

나만의 작업 공간 만들기

미드저니는 기본적으로 공동 공간에서 작업물들을 공유합니다. 마치 건물 로비에서 그림을 그리는 것과 같습니다. 이경우 여러 사람의 작품과 뒤섞이기 때문에 별도의 작업 공간을 만들고, 거기서 작업을 진행해야 편하게 작업할 수 있습니다.

01. 화면 왼쪽 영역을 보면 서버를 추가할 수 있는 [+] 모양 아이콘이 있습니다. 이 아이콘을 클릭해 서버 추가를 시작합니다.

   서버는 나만의 작업 공간이 될 것입니다.

02. '서버를 만들어보세요'라는 팝업창이 나오면 맨 위에 있는 [직접 만들기]를 클릭합니다.

03. '나와 친구들을 위한 서버'와 '클럽, 혹은 커뮤니티용 서버', 이렇게 두 개의 서버 목록이 보이는데, 우리는 나를 위한 서버를 만드는 것이므로 [나와 친구들을 위한 서버]를 클릭합니다.

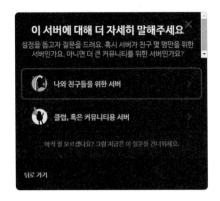

04. 서버 이름은 내가 만들고자 하는 미드저니 이미지의 큰 장르로 하면 좋습니다. 예들 들어, '디자인'이라는 명칭으로 서버를 만들고, 해당 서버에서 [+] 아이콘을 클릭해 캐릭터 디자인, 광고 디자인, 로고 디자인 등과 같은 채널을 생성해서 내용을 분리할 수도 있습니다. 이 책에서는 '미래'라는 이름으로 서버를 만들겠습니다.

05. 왼쪽 상단에 '미래'라는 서버 메뉴가 생긴 것을 확인할 수 있습니다. 해당 서버에서 미드저니를 사용하려면 서버에 미드저니봇을 설치해야 합니다.

06. 왼쪽 아래에 있는 [미드저니] 아이콘을 클릭해 미드저니 서버로 들어간 다음 왼쪽 채널 영역에서 [newbies─숫자] 채널을 선택합니다. 이어서 이미지 위에 있는 [Midjourney Bot] 텍스트를 클릭하고, 팝업창이 나오면 [⊕ 앱추가] 버튼을 클릭합니다.

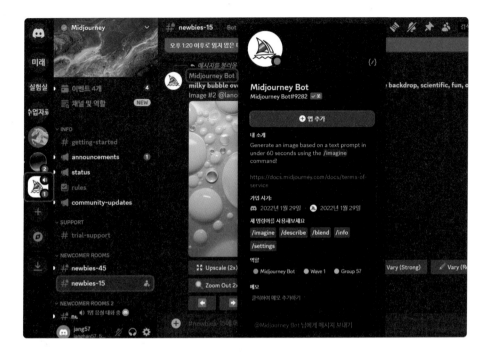

07. 팝업창 아래에서 [서버 선택하기]를 클릭하고 앞서 만들었던 서버 이름을 선택합니다. 이어서 아래에 있는 [승인] 버튼을 클릭합니다.

이렇게 하면 여러분이 만든 서버에서 미드저니를 사용할 수 있습니다.

최적의 세팅으로 시작하기

지금부터 본격적으로 미드저니를 시작해 보겠습니다. 가장 먼저 해야 할 일은 기본 세팅 상태를 변경하는 것입니다. 자주 사용하는 기능이나 필수 기능을 미리 설정해 놓으면 사용하기가 훨씬 편합니다.

프롬프트 입력창에 '/settings'를 입력한 다음 Enter 키를 누릅니다.

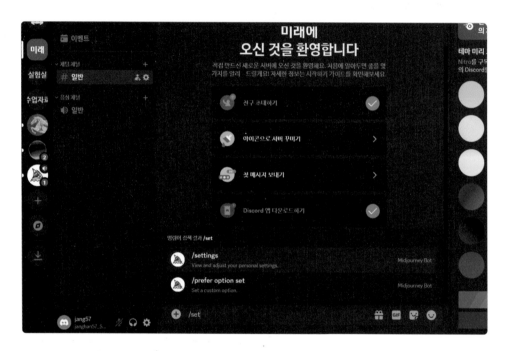

그러면 설정과 관련된 버튼들이 나오는데, 여기서 중요한 버튼은 [RAW Mode] 버튼과 [Remix mode]입니다. 이 두 개의 버튼을 클릭해서 초록색이 되게 설정합니다.

❶ Midjourney model V6 [ALPHA]: 미드저니 버전을 말합니다. 버전이 높을수록 이미지의 품질이 좋으나, V6의 이전 버전인 V5.2에서만 가능한 기능이 있어서 가끔 V5.2 버전으로 변경해서 이미지를 생성하기도 합니다.

❷ RAW Mode: 미드저니만의 이미지 생성 스타일이 있는데, 이 기능이 꺼져 있으면 그러한 스타일이 다소 강조되는 경향이 있습니다. 미드저니 스타일이 아니라 입력한 프롬프트에 맞는 고품질의 이미지를 생성하고 싶다면 RAW Mode를 켜야합니다. RAW Mode가 꺼져 있다면 켜 둡니다.

❸ Stylize low~high: 값이 높을수록 장식적인 요소가 많이 첨부됩니다. 이미지의 분위기를 설정하는 데 매우 중요한 역할을 합니다. 값을 수시로 변경하기 때문에 기본 설정값인 Stylize med로 두고, 추후 프롬프트 창에 값을 입력하여 변경할 겁니다.

❹ Remix mode: 기존에 생성된 이미지를 새로고침하여 새로 만들고 싶을 때 프롬프트 내용을 수정할 수 있도록 하는 기능입니다. 생성된 이미지를 수정 보완하기 위해서는 반드시 켜져 있어야 합니다.

❺ High, Low Variation mode: 미드저니는 한 번에 4개의 시안을 제시합니다. 이렇게 제시된 이미지의 변화를 크거나 작게 설정하는 것입니다. 보다 다양한 스타일의 시안을 확인하기 위해 기본값 그대로 둡니다. 나머지 메뉴는 그냥 기본값으로 두고 씁니다.

Midjourney for Design
디자인을 위한
미드저니 완벽 활용법

02
미드저니
프롬프트의
이해

프롬프트 주요 명령어의 이해

프롬프트를 입력하기 전에 어떤 명령을 할 것인지 먼저 정해야 합니다. 예를 들어, 우리가 가장 많이 쓰는 '/imagine'은 프롬프트를 입력해서 이미지를 생성하겠다는 명령어인 셈입니다. 미드저니에는 '/imagine' 외에도 다양한 명령어가 있습니다. 미드저니를 사용하다 보면 핵심적으로 몇 개의 명령어만 사용하게 됩니다. 여기서는 자주 사용되는 핵심 명령어들에 대해 알아보겠습니다.

프롬프트 입력창에 '/'를 입력하고 왼쪽의 미드저니 아이콘을 클릭하면 모든 명령어를 볼 수 있습니다. 이 중에서 핵심적인 명령어를 함께 알아보겠습니다.

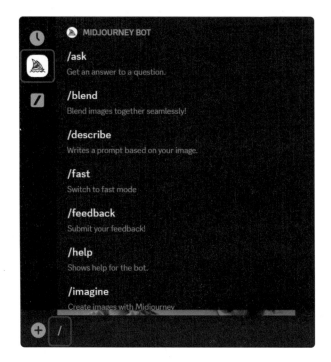

이미지끼리 합성하여 새로운 이미지를 생성하는 /blend

'/blend'는 이미지끼리 서로 합성하여 새로운 이미지를 생성해 줍니다. 미드저니에서 창의적인 이미지를 생성하는 데 있어서 매우 중요한 명령어입니다. 미드저니로 만든 독특한 패션 스타일이나 건축물을 어렵지 않게 볼 수 있는데, 이러한 이미지는 프롬프트 입력만으로는 잘 표현되지 않는 경우가 많습니다. 이런 경우 블렌드 기능을 활용하면 좋습니다.

01. 프롬프트 입력창에 '/blend'를 입력하고 Enter 키를 누르면 아래와 같은 창이 나옵니다. 블렌드는 2개부터 최대 5개의 이미지를 합성할 수 있습니다. 우선 합성하고자 하는 두 개의 이미지를 첨부합니다.

저는 여성 모델 이미지와 와플 이미지를 첨부하고 Enter 키를 누르겠습니다.

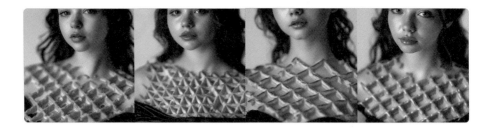

여성과 와플이 합성이 되어 와플 질감의 옷을 입은 여성이 표현됐습니다.

02. 추가로 이미지를 더 합성시키거나 이미지의 비율을 조정하고 싶다면 먼저 2개의 이미지를 첨부하고 아래에 있는 [+ 더보기] 버튼을 클릭합니다. 그러면 상단에 옵션 메뉴가 나옵니다. 가장 위에 있는 [dimensions]를 클릭하면 Portrait (2:3), Square (1:1), Landscape (3:2), 이렇게 세 가지 옵션이 추가로 나타납니다. 이 중에서 한 개를 클릭하면 프롬프트 창에 입력되고, 해당 비율로 이미지가 생성됩니다.

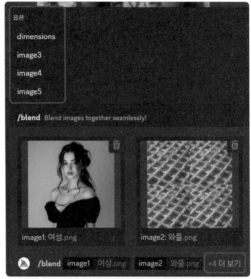

03. 이번에는 3개의 이미지를 합성해보겠습니다. 3개의 이미지를 합성하려면 먼저 2개의 이미지를 첨부한 다음, [+ 더 보기] 버튼을 클릭해서 image3을 클릭해 이미지를 첨부합니다.

3개의 캐릭터가 적절히 합성되어 새로운 캐릭터가 생성됐습니다. 이처럼 여러 개의 이미지를 합성하는 방법은 특히 캐릭터 디자인에서 유용합니다.

참고 이미지의 프롬프트를 만들어 주는 /describe

'/describe' 또한 미드저니의 강력한 기능 중 하나입니다. '/describe'는 참고 이미지의 프롬프트를 직접 만들어 주는 기능을 합니다. 가령 마음에 드는 이미지가 있다면 해당 이미지의 프롬프트를 미드저니가 직접 작성해 줍니다. 프롬프트를 몰라도 미드저니가 프롬프트를 제시해주니 참 고마운 기능입니다.

프롬프트 창에 '/describe'를 입력하고 Enter 키를 누르면 파일을 첨부할 수 있습니다. 샘플 이미지를 파일로 첨부하거나 인터넷에 있는 이미지라면 드래그해서 집어 넣어도 됩니다.

샘플 이미지를 첨부한 후 Enter 키를 누르면 위 그림과 같이 총 4개의 프롬프트를 제안합니다. 아래에 있는 [Imagine all] 버튼을 클릭하면 4개의 프롬프트를 모두 이미지로 생성합니다.

이처럼 프롬프트를 입력하지 않고, 샘플 이미지만 첨부해서 그와 유사한 이미지를 생성할 수 있습니다. 위 이미지는 비교적 비슷하게 나왔는데, 그렇지 않은 경우도 많습니다. 아래 이미지처럼, 분위기가 전혀 다르거나 그래픽 요소가 다른 이미지로 나오기도 합니다. 이런 경우에는 사용자가 직접 프롬프트를 수정해 이미지를 원하는 방향으로 만들어 나가야 합니다. '/describe'는 유용하지만, 만능은 아니며 완벽하지 않다는 것을 기억하세요.

/describe로 생성된 이질적인 결과물

이미지를 생성하는 /imagine

'/imagine'은 앞서 언급한 것처럼 미드저니를 사용하면서 가장 많이 사용하는 기능입니다. 프롬프트를 입력해서 이미지를 생성하는 기능인데, 단순한 텍스트 외에 이미지 주소를 입력해서 이미지를 만들 수도 있습니다. 텍스트 입력 외에 이미지 주소를 넣어서 새로운 이미지를 만들어 보겠습니다.

인터넷에 있는 이미지를 마우스 오른쪽 버튼으로 누른 다음 [이미지 주소 복사]를 클릭하면 이미지 주소가 복사됩니다.

미드저니에서 '/imagine'을 입력하고 Ctrl + V를 누르면 조금 전에 복사한 이미지 주소가 입력됩니다. 이때 주의할 점은 이미지 주소 뒤에 한 칸 띄고, 반드시 추가로 프롬프트 내용을 입력해야 한다는 것입니다. 이 책에서는 'High gloss'라는 내용을 추가했습니다.

만약 이미지 주소만 넣으면 이미지가 생성되지 않고 다음과 같은 경고창이 나옵니다.

아래 그림에서 왼쪽 이미지는 원본 이미지이고, 오른쪽 이미지는 이미지 주소와 함께 'high gloss'를 추가로 입력하여 만든 결과물입니다. 매트한 재질의 신발에서 유광 신발로 바뀐 것을 확인할 수 있습니다.

설정을 할 수 있는 /settings

미드저니를 사용할 때 기본적으로 몇 가지 설정을 할 수 있는 명령어입니다. 버전, 다양한 모드 등을 미리 설정해 놓으면 작업하기에 편합니다. 자세한 내용은 32쪽 '최적의 세팅으로 시작하기'를 참고해 주세요.

미드저니 구독 및 해지와 관련된 링크로 이동할 수 있는 /subscribe

미드저니 구독 및 해지와 관련된 개인 링크 페이지로 이동하기 위한 명령어입니다. 자세한 내용은 15쪽 '나에게 맞는 미드저니 구독하기'를 참고해주세요.

수십 개 이상의 다양한 시안을 제공하는 /tune

버전 6부터 새로 생긴 명령어로, 한 번에 수십 개 이상의 다양한 스타일을 시안으로 제공하고, 그중 하나를 선택해 비슷한 스타일로 이미지를 생성할 수 있습니다. 자세한 내용은 131쪽 '한 번에 수십 개의 캐릭터 스타일 시안 만들기'에서 설명합니다.

미드저니 프롬프트의 기본 구조

미드저니는 프롬프트의 내용을 기반으로 이미지를 생성합니다. 어떠한 프롬프트를 어떠한 순서로 어떻게 넣느냐에 따라 전혀 다른 이미지가 생성될 수 있습니다. 프롬프트를 입력하는 데는 보이지 않는 몇 가지 구조가 있는데, 다음 그림과 같습니다.

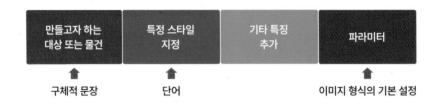

가장 중요한 내용은 가장 앞에 입력하는 것이 좋습니다. 미드저니의 프롬프트 내용은 순서에 영향을 받습니다. 만약 내가 분명히 내용을 입력했는데, 이미지에 적용이 안 됐다면 순서를 앞으로 당겨보는 것도 방법입니다(물론 특정 프롬프트를 강조하는 방법도 있습니다. 이 부분은 추후에 설명하겠습니다).

따라서 만들고자 하는 대상 또는 물건을 제일 앞에 입력합니다. 단어도 인식되지만, 경우에 따라 구체적인 문장으로 입력해도 좋습니다. 미드저니가 업그레이드 되면서 기존의 단어 위주의 인식 뿐만 아니라 문장도 인식하고 있습니다. 다만 지나치게 많은 내용이 들어가면 반영되지 않는 부분이 생길 수도 있으므로 가급적 중요한 내용만 넣습니다.
그렇다면 다음 그림의 프롬프트를 통해 어떤 구조로 되어 있는지 자세히 살펴볼까요?

2 표현하고 싶은 스타일(화풍, 작가 등)   4 이미지 표현 설정(파라미터)

a street stall in hong kong watercolor illustration, in the style of skottie young, white background --ar 1:1 --style raw

1 만들고 싶은 대상(구체적)   3 기타 특징(배경색, 카메라 종류 등)

a street stall in hong kong watercolor illustration, in the style of skottie young, white background --ar 1:1 --style raw

위 프롬프트 내용을 번역하면 '홍콩 수채화 그림의 노점상, 스코티 영 스타일, 흰색 배경 --ar 1:1 --style raw'입니다.

만들고 싶은 대상 또는 물건은 가장 앞에 구체적인 문장으로 입력했고, 그 다음으로 스코티 영이라는 작가 스타일로 그려달라고 입력했습니다. 기타 특징이 그 뒤에 있고, 이미지 형식의 기본 설정인 파라미터가 가장 뒤에 위치합니다.

만들고자 하는 대상 또는 물건	특정 스타일 지정	기타 특징 추가	파라미터

a street stall in hong kong watercolor illustration,
in the style of skottie young,
uhd image
--ar 1:1 --style raw

만약 이러한 그림 풍으로 다른 장소를 그리고 싶다면 프롬프트 가장 앞에 위치한 'a street stall in hong kong' 부분을 다른 장소로 넣어주면 됩니다.

제일 뒤에 나오는 --style raw는 앞서 미드저니를 세팅할 때 [RAW Mode]라는 메뉴로 가장 먼저 활성화했던 기능입니다. RAW Mode가 켜져 있으면 자동으로 뒤에 --style raw 파라미터가 적용됩니다.

그럼 다른 사례를 보면서 프롬프트에 대해 더 알아보겠습니다.

앞의 이미지는 해변에 위치한 호텔을 생성한 것으로, 프롬프트는 다음과 같습니다.

Luxury homes carved into the rocks on the beach --ar 17:20 --style raw

해변의 돌에 새겨진 럭셔리 홈이라는 문장 하나만으로 이루어진 프롬프트입니다. 그럼에도 불구하고 아주 멋진 해변의 호텔을 만들어줬습니다.

자 그럼, 이 호텔의 내부 이미지를 생성하고 싶다면 어떻게 해야 할까요?

기존의 프롬프트 내용에 'interior'라는 단어를 추가했습니다. 그리고 나서 이미지를 다시 생성했습니다. 그랬더니 럭셔리 홈의 외부 경관과 같은 콘셉트로 인테리어를 만들어 줬습니다.

Luxury homes interior carved into the rocks on the beach
--ar 17:20 --style raw

이번에는 'interior' 대신 'bathroom'을 입력해 봤습니다. 그랬더니 비슷한 콘셉트로 멋진 욕실을 만들어 줬네요.

Luxury homes bathroom carved into the rocks on the beach
--ar 17:20 --style raw

이번에는 'bathroom' 대신 'bedroom'을 입력해 봤습니다. 역시나 기본 콘셉트는 그대로 유지한 채로 장소만 변경됐습니다.

프롬프트에 스타일을 적용하는 방법

이번에는 만들고자 하는 대상 말고 표현 스타일을 변경해 보겠습니다. 최초에 입력했던 럭셔리 홈 프롬프트에 'oil painting of van gogh style'을 추가해서 이미지를 생성해 보겠습니다.

Luxury homes carved into the rocks on the beach,
oil painting of van gogh style --ar 17:20 --style raw

럭셔리 하우스가 그림 속으로 들어갔습니다. 반고흐 풍으로 그렸을 뿐만 아니라, 바위에 새겨진 럭셔리한 건물의 모습도 옛모습으로 변했습니다. 단순히 표현 방식만 바뀐 것이 아니고, 시대까지 변경된 것입니다.

특정 스타일을 표현하는 프롬프트는 위 프롬프트처럼 '~ style'을 입력하거나 'in the style of ~'를 입력하면 해당 스타일로 적용됩니다. 작가, 디자이너처럼 특정 인물의 이름을 넣어도 되고, 팝아트, 아르누보와 같이 장르를 넣어도 됩니다. 자신의 디자인 분야에서 유명한 작가나 아티스트를 알고 있으면 그만큼 표현의 폭이 넓어질 수 있습니다.

Luxury homes carved into the rocks on the beach,
in the style of Gustav Klimt --ar 17:20 --style raw

위 그림은 클림트(Gustav Klimt) 스타일로 그려보기 위해 'in the style of Gustav Klimt'를 입력한 것입니다. 아래 그림은 일본의 건축가 안도 다다오(Ando Tadao) 스타일입니다.

Luxury homes carved into the rocks on the beach,
in the style of Ando Tadao --ar 17:20 --style raw

다양한 특징 삽입하기

지금까지 만들고자 하는 대상과 그것을 어떤 스타일로 표현할지 테스트 해봤다면, 이번에는 프롬프트 뒷부분에 다양한 특징들을 작성해서 이미지를 만들어 보겠습니다.

앞서 만든 안도 다다오 스타일의 건축물을 어안렌즈 카메라로 촬영한 것처럼 만들어 보겠습니다. 어안렌즈는 물고기 관점으로 보는 것처럼 볼록한 느낌을 줍니다. 프롬프트 뒷쪽 부분에 'fisheye lens'라는 단어를 추가해서 이미지를 만들었습니다.

Luxury homes carved into the rocks on the beach,
in style of Ando Tadao, fish-eye lens --style raw

마치 어안렌즈로 촬영한 것처럼 보입니다. 뒷부분의 프롬프트 내용은 지금처럼 카메라의 종류, 카메라 렌즈 등 기타 특징들에 대해 작성합니다. 다만 뒷부분의 프롬프트에 반드시 어떤 내용이 들어가야 한다는 건 없습니다. 생성하고자 하는 이미지의 다양한 특징을 단어로 작성면 됩니다.

특정 프롬프트에 가중치 두기

프롬프트를 입력하다 보면 특정 단어가 잘 적용되지 않는 경우가 자주 있습니다. 프롬프트의 길이가 매우 길거나 다른 프롬프트 내용과 상충하는 경우 그럴 수 있는데, 이때 특정 프롬프트에 가중치를 두면 해당 내용을 보다 잘 적용할 수 있습니다.

Luxury homes carved into the rocks on the beach,
in style of Ando Tadao, front view --style raw

위 이미지의 프롬프트를 보면 뒷부분에 'front view'라고 작성돼 있음에도 건물의 각도가 틀어져 있는 것을 볼 수 있습니다.

Luxury homes carved into the rocks on the beach,
in style of Ando Tadao, front view::5 --style raw

'front view' 옆에 '::5'를 추가해서 이미지를 생성했더니 이번에는 정면 뷰를 잘보여줍니다 (물론 여전히 측면을 보여주는 이미지도 섞여 있을 수 있습니다).

Luxury homes carved into the rocks on the beach,
in style of Ando Tadao, rainbow color --style raw

Luxury homes carved into the rocks on the beach,
in style of Ando Tadao, rainbow color::5 --style raw

위 이미지는 'rainbow color::5'를 입력하여 무지개 색상을 강조한 것입니다. 그냥 'rainbow color'만 입력했을 때는 적용되지 않았지만, 'rainbow color::5'를 입력하니까 무지색 색이 적용됐습니다. 가중치는 2부터 9까지 입력할 수 있으며, 특정 키워드의 값이 높을수록 다른 키워드는 이미지에 적용되지 않을 수 있습니다.

프롬프트의 순서가 이미지에 미치는 영향

가중치를 주는 방법 외에 내가 강조하고 싶은 단어가 있다면 순서를 바꾸는 것도 좋습니다. 즉, 가장 중요하다고 생각하는 프롬프트 내용을 제일 앞에 두는 것이죠. 미드저니는 프롬프트의 순서에 미세하게 영향을 받기 때문입니다. 프롬프트 중간이나 후반부에서 순서를 바꾸는 것은 크게 영향을 받지 않지만, 가장 앞에 있는 프롬프트를 중요하게 생각하기 때문에 뒤에 있는 프롬프트를 앞으로 이동하면 이미지에 영향을 줍니다.

Young Korean woman in her 20s smiling at the camera, white t-shirt, red shoes, waist shot --v 6.0 --style raw

왼쪽 이미지는 'red shoes'라는 부분과 'waist shot(허리 이상 보여주는 샷)'이라는 부분이 서로 상충되는 프롬트로 만든 이미지입니다. 빨간 신발을 보여주는 동시에 허리 이상만 보여달라고 한 것입니다. 미드저니는 빨간 신발보다, waist shot이라는 키워드에 충실한 모습니다. 'red shoes'가 'waist shot'보다 앞에 있는데도 말이죠.

그렇다면 전혀 적용이 안 된 'red shoes'를 제일 앞에 두면 이미지가 어떻게 생성되는지 테스트 해보겠습니다.

red shoes, Young Korean woman in her 20s smiling at the camera, white t-shirt, waist shot --v 6.0 --style raw

생성된 이미지를 보면 첫 번째 여성의 경우 쭈구려 앉은 모습으로 빨간 신발을 보여주고 있습니다. 자세가 조금 이상하긴 하지만, 상반신을 보여주면서 신발을 보여주기 위한 미드저니의 노력이 보입니다. 마지막 여성만 빼고 나머지 이미지에서도 붉은 색이 강조된 것을 확인할 수 있습니다. 완벽히 신발을 표현해 주지는 못했지만, 이전 이미지와는 다르게 신발과 붉은 색이 보이는 것으로 보아 순서에 분명한 영향을 받는 것을 알 수 있습니다.

03
미드저니
파라미터의
이해

파라미터란 무엇이고 어떻게 쓰이는가

파라미터는 프롬프트 내용을 어떻게 표현할 것인가에 대한 설정입니다. 흔히 프롬프트 내용이 이미지의 모든 것을 결정한다고 생각하지만, 동일한 프롬프트라 하더라도 파라미터 값에 따라 전혀 다른 이미지를 연출할 수 있습니다. 즉, 프롬프트 내용과 파라미터 값을 적절히 조절해서 원하는 이미지를 만든다고 할 수 있습니다. 따라서 파라미터에 대해 이해하고 활용할 수 있다는 것은 미드저니를 사용하는 데 있어서 매우 중요한 부분입니다.

위 이미지는 이미지 생성 후 프롬프트 내용을 보여주는 이미지입니다. 프롬프트 뒷부분에 --라는 기호와 함께 알파벳과 숫자들이 보이는데 이것을 파라미터라고 부릅니다. 다음은 자주 사용되는 핵심 파라미터들입니다.

- --style raw ： 보다 직관적인 고품질 이미지
- --ar ： 이미지의 비율
- --s 0~1000 ： 이미지의 장식 요소 증감
- --c 0~100 ： 4개의 시안을 전혀 다른 다양한 콘셉트로 생성
- --niji ： 일본 애니메이션 스타일
- --tile ： 반복적인 패턴 생성
- --w 0~3000 ： 기이하고 독특한 이미지 연출
- --no ： 지정된 이미지 또는 색상 삭제하기

사용자가 자주 수정하는 파라미터가 있고, 자주 수정하지 않는 파라미터가 있는데, 자주 수정하지 않는 파라미터는 '/settings'로 들어가서 미리 설정해 둡니다. --style raw가 바로 그것입니다. 앞서 미드저니를 처음 세팅할 때 '/settings'로 들어가서 RAW Mode를 설정했는데, 이것이 반영된 파라미터 명칭이 --style raw인 것입니다. 그 외의 파라미터는 자주 변경하므로 프롬프트를 입력할 때 직접 입력합니다.

RAW Mode 옆에는 Stylize low부터 Stylize very high까지 총 4개의 버튼이 있는데, 이것이 바로 --s 로 표현되는 파라미터입니다. --s 파라미터는 수시로 변경하면서 사용하므로 Stylize med 기본값으로 그대로 두는 것입니다. 이 부분은 앞서 살펴봤지만, 다시 한번 짚어봤습니다.

프롬프트를 입력할 때 오타가 나도 미드저니가 잘 알아듣고 이해할 수 있지만, 파라미터는 오타가 있거나 띄어쓰기가 제대로 되어 있지 않으면 이미지를 생성하지 못 합니다. 따라서 아래 예시처럼 파라미터 명칭을 입력한 후에 값을 넣을 때에는 반드시 한 칸 띄고 값을 입력해야 하며, 다른 파라미터와의 경계를 위해서도 한 칸을 띄어 써야 합니다.

띄어 쓰기

--ar 2:3 --s 200 --c 10 --style raw

직관적이고 고품질의 이미지를 만드는 --style raw

자, 그럼 같은 프롬프트 내용이더라도 파라미터 값에 따라 이미지가 어떻게 변하는지 함께 살펴보겠습니다.

앞서 언급한 --style raw의 설정에 따른 이미지의 변화입니다. 프롬프트에는 간단하게 'star'만 입력하고 이미지를 생성했습니다. 왼쪽 이미지는 --style raw가 적용되지 않은 이미지이고, 오른쪽 이미지는 --style raw가 적용된 이미지입니다. 'star'라는 같은 프롬프트를 입력했지만, 전혀 다른 이미지가 생성됐습니다.

왼쪽 이미지는 별이 중심이 아니고, 여성의 모습이 중심적으로 보입니다. 다소 추상적이고 AI가 그려준 그림 스타일처럼 느껴지는 반면에, 오른쪽 이미지는 'star'라는 프롬프트를 이해하고, 별 모양의 조형물을 그려줬습니다. 즉, 프롬프트 내용에 기반한 보다 직관적인 이미지를 만들어 주는 것입니다.

우리는 오른쪽 이미지처럼 연출할 일이 상대적으로 많습니다. 따라서 --style raw를 매번 직접 입력하기보다는 앞서 언급한 것처럼 '/settings'에서 RAW Mode를 설정하여 기본적인 파라미터로 설정되게 합니다.

이미지 비율을 조정하는 --ar

--ar은 이미지의 비율을 조정하는 파라미터입니다. --ar 뒤에 한 칸 띄고, 값을 입력하며 값의 크기는 제한이 없습니다. 예를 들어, --ar 1:1을 입력하면 정사각형 이미지가 생성되고, --ar 1:2을 입력하면 가로가 짧고 세로가 긴 이미지가 생성됩니다. 값을 --ar 23:46과 같은 수치로도 입력할 수 있어서 세부적으로 비율을 조정할 수 있습니다.

--ar은 단순히 이미지의 비율만 조절하는 것은 아닙니다. 가령 위의 수퍼맨 캐릭터는 가로가 길기 때문에 얼굴이 다소 납작하고 억지로 눌린듯한 느낌이 있습니다. 반면에 세로로 긴 아래의 수퍼맨은 비율이 적당하고 얼굴의 길이도 적당해 보입니다.

간혹 상반신만 나오는 경우도 있는데, 이런 경우 세로로 긴 비율을 설정하면 전신이 나오기도 합니다.

아래 그림처럼 같은 프롬프트 내용이지만, --ar 1:2를 추가했을 때 여성의 몸이 더 많은 영역으로 표현된 것을 확인할 수 있습니다. 원하는 이미지를 생성하기 위해 --ar을 활용할 수도 있는 것입니다(이후 좌, 우의 부족한 배경 이미지는 미드저니나 포토샵에서 생성하면 됩니다).

Young Korean woman in her 20s smiling at the camera, white t-shirt, jeans, waist shot --style raw

Young Korean woman in her 20s smiling at the camera, white t-shirt, jeans, waist shot --ar 1:2 --style raw

이미지의 장식 요소를 증감하는 --s (0~1000)

--s는 '/settings' 메뉴에서 잠깐 본 적이 있습니다. 아래 이미지는 프롬프트 창에서 '/settings'를 입력하면 보이는 메뉴인데, Stylelize low부터 Styleize very high까지 총 4개의 버튼이 있었습니다. 이것이 바로 --s라고 생각하면 됩니다.

--s 값은 0부터 1000까지 입력할 수 있는데, --s 0은 장식 요소가 없는 심플한 이미지를, --s 1000은 장식 요소가 많이 가미된 복잡한 이미지를 연출합니다. 기본 설정 값은 Stylelize med로 되어 있는데, 이것을 수치로 환산하면 100입니다. 즉, --s 100이 기본값입니다.

--s 값은 이미지의 분위기를 설정하는 데 매우 중요한 역할을 합니다. 프롬프트만으로는 부족한 여러 가지 분위기를 연출할 수 있습니다. 특히 디자이너라면 더욱 더 중요한 파라 미터입니다.

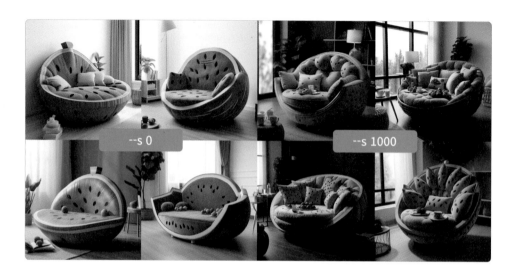

아래 이미지는 별 모양 로고를 간단하게 만들어 본 이미지입니다. 아래와 같이 프롬프트 뒷부분에 --s 값을 각각 다르게 입력했을 때 분위기의 차이가 큰 걸 알 수 있습니다.

2d simple logo of star, white background --v 6.0 --style raw

일본 애니메이션 스타일의 --niji (cute, expressive, scenic)

--niji는 일본 애니메이션 스타일로 표현해줍니다. --niji를 입력할 때는 --style을 함께 입력합니다. 예를 들어, '--niji --style cute'처럼 입력해야 합니다. 스타일에는 original, cute, expressive, scenic으로 총 4가지가 있는데, cute와 expressive, scenic을 자주 사용합니다. cute는 귀여운 스타일로 표현하고, expressive는 좀 더 표현력이 풍성한 느낌입니다. scenic은 뒷 배경을 멋지게 그려줍니다.

--niji --style cute · --niji --style expressive · --niji --style scenic

--niji --style cute · --niji --style expressive

다만 파라미터를 설정할 때 중요한 부분이 있는데, 기본적으로 설정된 --style raw가 있다면 --style raw를 삭제하고, cute, expressive, scenic 등으로 바꿔줘야 합니다. --style raw가 있는 상태에서 --niji --style cute를 입력하면 이미지가 생성되지 않습니다.

반복적인 패턴을 만드는 --tile

--tile은 반복적인 패턴을 만들 때 사용합니다. --tile을 잘 활용하면 흥미로운 패턴을 만들수 있으며 패키지 디자인의 그래픽 요소로도 활용할 수 있습니다.

캐릭터를 활용하면 보다 재미있는 캐릭터 패턴을 그릴 수 있습니다. 원하는 캐릭터 특징과 원하는 컬러를 지정한 후, --tile을 입력해 흥미로운 패턴을 만들어 보세요.

cute animal characters, flat design, minimalist, mint color,
pink color --tile --v 6.0 --style raw

이상하고 독특한 이미지를만 만드는 --w (0~3000)

--w는 --weird의 약자로, 기본 콘셉트를 유지한 채 이상하고 때로는 괴기스럽기도 하며, 독특한 이미지를 연출해 줍니다. 0부터 3000까지 입력할 수 있으며, 아래 이미지는 같은 프롬프트에 --w 3000을 입력했을 때의 차이를 보여줍니다.

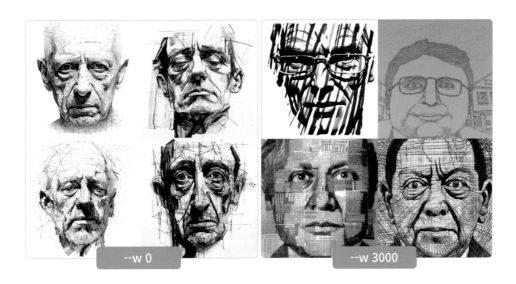

--w 0

--w 3000

왼쪽 이미지는 일관된 콘셉트로 4개의 시안을 만들어 줬다면 오른쪽 이미지는 특이한 표정과 특이한 표현 기법이 적용됐습니다.

이 파라미터의 가장 큰 장점은 생각지도 못한 아이디어를 줄 수 있다는 것이고, 단점이라면 여러 번의 테스트가 필요하다는 것입니다. 저는 오른쪽의 세 번째 이미지를 잘 활용하면 독특한 포스터를 만들 수 있다는 생각이 들었습니다.

왼쪽 이미지는 앞서 만든 애니멀 패턴에 --w 3000을 입력해 만든 이미지입니다. 기본 콘셉트를 그대로 유지한 채보다 독특하고 다양한 시안이 나온 것을 확인할 수 있습니다.

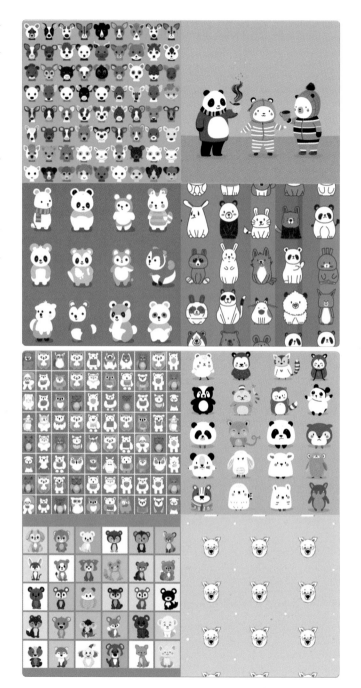

보다 과감한 시도를 하는 --c (0~100)

--c는 --chaos의 약자로, 4개의 시안이 서로 다른 콘셉트로 표현됩니다. --w와 비슷하지만, 보다 과감한 스타일을 표현해 줍니다. 값은 0부터 100까지 있으며, 100을 넣으면 말그대로 혼돈스러운 느낌을 주는 시안이 생성됩니다.

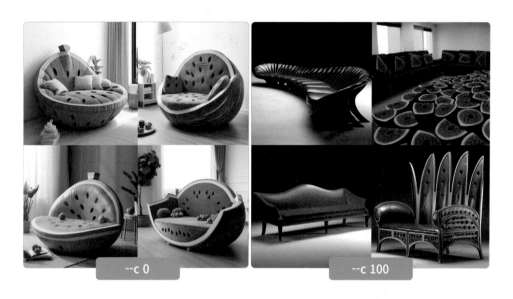

--c 0　　　　　　　　　　　　　　　　--c 100

--w와 마찬가지로 독특한 이미지를 만들어 주기 때문에 생각지도 못한 아이디어를 얻을 수있는 장점이 있습니다. 다음 이미지는 애니멀 패턴에 --c 100을 적용한 이미지입니다.

디자인을 위한 미드저니 완벽 활용법

불필요한 부분을 삭제하는 --no

--no는 생성된 이미지에서 지우고 싶은 사물이나 색상을 지워주는 역할을 합니다. 가령 소파 위에 있는 컵을 없애고 싶다면 --no cup을 입력합니다. 다만 컵을 지우는 과정에서 새로운 이미지가 생성되므로, 원본 이미지를 그대로 유지하면서 컵을 지우고 싶다면 미드저니의 Vary (Region) 기능을 활용하거나 포토샵을 활용해 지우는 것이 좋습니다.

왼쪽 소파에 있는 커피잔을 지우고 싶어서 --no cup을 입력한 후 이미지를 생성했습니다. 그랬더니 오른쪽 소파에는 커피잔이 사라졌습니다. 커피잔은 사라졌지만, 소파 디자인도 인테리어도 모두 바뀌었습니다. 소파 디자인이 바뀌어도 상관없다면 모를까, 기존 소파 디자인에서 컵만 지우고 싶다면 앞서 언급한 바와 같이 Vary (Region)이나 포토샵 AI 기능을 활용해서 작업하는 것이 좋습니다.

이미지에 가중치를 부여하는 --iw (0~2)

--iw는 image weight의 약자로, 이미지와 프롬프트를 조합해서 이미지를 생성할 때 사용합니다. 미드저니에서는 텍스트 뿐만 아니라 이미지를 활용해서 새로운 이미지를 생성할 수 있습니다. 이미지에 텍스트 프롬프트를 함께 작성해서 이미지를 생성하는데, 이때 첨부한 이미지와 텍스트의 영향력이 각각 50:50이기 때문에 첨부한 이미지의 영향력을 더 키울 때 사용합니다.

예를 들어, 프롬프트에 아래와 같은 이미지를 첨부한 후, 'Louis Vuitton pattern applied'를 입력하면 컵 표면이나 배경에 패턴이 적용됩니다. 이때 --iw 2를 입력하면 텍스트 프롬프트인 'Louis Vuitton pattern applied'보다 첨부한 컵 이미지가 더 강하게 표현됩니다.

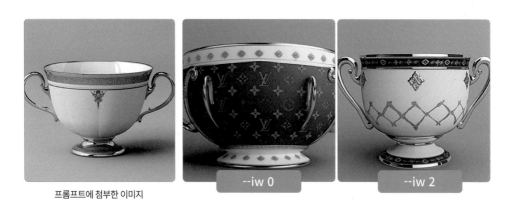

프롬프트에 첨부한 이미지

위 이미지를 보면 --iw 0일 때는 패턴이 강하게 적용됐지만, --iw 2일 때는 프롬프트에 첨부한 이미지와 비슷하게 표현됐습니다. 이처럼 프롬프트 내용보다 첨부한 이미지를 더 강조하고 싶을 때 --iw를 사용합니다.

버전을 지정하는 --v

이 책을 집필하는 시점을 기준으로 미드저니의 최신 버전은 V6입니다. 버전이 업그레이드 되면서 이미지를 보다 사실적으로 표현할 수 있게 됐고, 이미지 사이즈를 조정하는 등 다양한 기능이 추가되어 작업하는 데 많은 편의를 제공하고 있습니다.

그러나 버전이 높다고 해서 항상 높은 이미지 품질을 보여주지는 않습니다. 한 단계 낮은 버전인 V5.2로 이미지를 생성했을 때 아기자기한 이미지 분위기가 잘 표현되는 경우도 많습니다. 아래 그림을 보면서 비교해볼까요?

위의 그림을 보면 V6보다 V5.2가 색감이나 구도 등 전체적으로 훨씬 화사하게 표현하고 있습니다. 회화나 일러스트레이션, 제품, 음료 광고 이미지 등은 V5.2의 퀄리티가 V6보다 나은 경우가 많으니, 프롬프트에서 버전을 수정해서 이미지를 생성해보기 바랍니다.

그렇다면 V6의 장점은 무엇일까요? 바로 사실적인 이미지의 표현입니다. 아래 그림으로 비교해 보겠습니다.

특히 인물사진에서 그 차이가 명확합니다. V6가 훨씬 사실적이며 아름다운 이미지를 생성 냅니다. 인물사진을 생성할 때에는 반드시 V6로 하기 바랍니다.

샘플 이미지의 스타일을 유지하는 --sref

작업을 하다 보면 특정 스타일을 유지하면서 내가 원하는 작업을 하고 싶을 때가 있습니다. 특히 디자인의 경우, 특정 스타일을 응용하여 아이디어를 얻고 싶을 때가 있는데, 이때 --sref를 활용하면 좋습니다. --sref는 샘플 이미지의 분위기를 그대로 살려주면서 내가 원하는 내용으로 이미지를 변경할 수 있게 해줍니다.

인터넷에 있는 이미지나, 미드저니에서 내가 만든 이미지의 스타일을 유지한 채 응용하고 싶다면 아래 그림처럼 마우스 오른쪽 버튼을 클릭하고 [링크 복사하기]를 선택하거나, 인터넷에 있는 이미지라면 [이미지 주소 복사]를 선택합니다.

그 다음 프롬프트 입력창에 /imagine과 만들고 싶은 내용, 그리고 --sref를 입력한 뒤에 복사한 주소를 붙여 넣으면 됩니다.

오른쪽 이미지는 샘플 이미지의 스타일을 유지한 채 파우치 패키지 디자인(pouch package design)을 만든 것입니다. 이러한 방법은 디자인 콘셉트 시안을 만드는데 도움이 됩니다.

pouch package design --sref https://s.mj.run/Ne_n611asLA --v 6.0 --style raw

샘플 이미지 스타일의 강약을 조절하는 --sw (0~1000)

앞서 샘플 이미지의 스타일을 유지한 채 원하는 원하는 내용으로 변경하는 --sref 파라미터를 살펴봤습니다. 다만, 샘플 이미지의 스타일을 얼마나 유지할지 설정할 수 없었는데, 이를 가능하게 해주는 것이 --sw입니다. --sw 값이 0이면 샘플 이미지의 영향을 거의 받지 않고, 1000이면 샘플 이미지와 매우 유사하게 나올 확률이 높습니다. --sw값을 따로 설정하지 않으면 기본값인 100으로 설정되며, 별도로 --sw값을 표시하지 않습니다.

아래 이미지를 보면 --sw 0인 경우, 샘플 이미지가 전혀 반영되지 않았으며, --sw 500의 경우, 텀블러 상단에 파우치처럼 주름이 표현되었습니다. --sw 1000의 경우, 파우치보다는 샘플 이미지처럼 텀블러로 표현되었습니다.

샘플이미지

--sw 0 --sw 500 --sw 1000

pouch package design --sref https://s.mj.run/Ne_n611asLA --v 6.0 --style raw --sw 0~1000

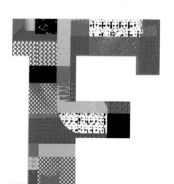

04
비주얼
아이덴티티
디자인

쓸 만한 심볼마크, 로고 디자인하기

이제 본격적으로 디자인을 위해 미드저니를 활용해 보겠습니다. 캐릭터, 건축, 패션, 제품 디자인 등의 영역에서 미드저니가 디자이너에게 주는 영감은 매우 강력합니다. 미드저니는 거의 모든 디자인 분야에 활용할 수 있지만, 명확한 가능성과 한계가 공존합니다. 특히 아이덴티티 디자인에 있어서 그렇습니다.

심볼마크는 철학과 이념이 담긴 마크고, 로고는 심볼마크 옆에 위치한 텍스트나 워드마크의 개념입니다. 이를 통틀어서 로고로 통용되고 있는 상태고, 프롬프트를 입력할 때도 'logo'라는 단어로 입력합니다. 하지만 디자이너라면 심볼과 로고가 원칙적으로 다름을 이해하고 있어야 합니다.

심볼과 로고를 포함해 더 넓은 의미를 가진 것이 아이덴티티 디자인입니다. 아이덴티티 디자인은 철학과 이념, 비전이라는 인간의 정신을 시각적 형태로 담고 있어야 하는데, 사실 이러한 부분은 사람이 인공지능에게 전달하는 것도 어렵고, 인공지능이 이해하는 것도 아직까지는 쉽지 않습니다. 심볼, 워드마크, 엠블럼, 마스코트 등 종류별 아이덴티티 그래픽 요소에서 미드저니가 어떠한 강점과 약점을 갖고 있는지 알아보겠습니다.

시중의 도서 및 온라인상에서 미드저니를 활용해 로고를 만드는 방법을 어렵지 않게 볼 수 있습니다. 왼쪽의 심볼마크도 모두 미드저니로 만든 것입니다. 여러분이 보기에는 어떤가요? 사실 실제 로고로 활용하기에는 퀄리티가 부족한 상태입니다. 설령 괜찮은 심볼마크가 나왔다면 비트맵(Bitmap) 이미지를 벡터(Vector)로 변환해주는 서비스를 활용하거나 일러스트레이터와 같은 프로그램으로 수정 및 보완 작업이 필수입니다. 미드저니로 만든 대부분의 심볼마크는 단지 시각적으로 심볼처럼 보일 뿐, 형태에 담긴 의미가 없기 때문입니다.

미드저니가 아이덴티티 디자인을 하는 데 있어서 어떤 부분이 강점이고, 어떤 부분이 약점인지 작업을 진행하면서 알아보겠습니다.

정교한 심볼마크의 형태적 특징

가장 먼저 심볼마크를 만드는 데 있어서 미드저니가 잘 수행할 수 있는지 살펴보겠습니다. 그러기 위해서는 먼저 심볼마크가 갖는 형태적 특징에 대해 알아봐야 합니다. 심볼마크의 형태적 특징에서 보이는 부분 중 중요한 부분이라면 폐쇄성, 기하학성, 대칭성을 들 수 있습니다. 폐쇄성은 게슈탈트 심리학, 즉 형태 심리학의 여러 가지 요소 중 하나인데, 형태가 완성되지 않아도 인간의 뇌가 형태로 인식한다는 것입니다. 아래의 이미지를 보면 우리는 자연스럽게 동그라미 3개와 삼각형이 보입니다. 마치 동그라미 3개 위에 흰색 삼각형이 올라간 것처럼요.

하지만 동그라미도 삼각형도 존재하지 않습니다. 피자 한 조각을 빼 먹은 것 같은 도형 3개만 있을 뿐입니다. 이것이 바로 폐쇄성의 법칙입니다.

기하학성 또한 선과 형태에서 수학적 계산이 느껴지는 것을 말합니다. 예를 들어, 곡선의 형태가 자유분방한 형태가 아니라, 일정한 규칙이 보이며, 정교함이 느껴져야 합니다.

다음 그림을 보면서 폐쇄성, 기하학성, 대칭성이 잘 표현되는지 확인해 보겠습니다. 프롬프트 가장 앞에 'Geometric shapes'를 입력해 기하학적인 형태가 나타나게 했으며, 수평, 수직선 또한 강조했습니다. 폐쇄성의 법칙이 표현됐으면 하는 바람으로 'gestalt psychology(게슈탈트 심리학)'이라는 내용도 넣었습니다.

기하학적 동물 형태의 심볼마크 만들기

핵심 프롬프트 키워드

(형태) logo with (컬러, 특징) 또는 a logo of (형태) / geometric shapes
/ gestalt psychology / flat / minimalist

01. 기본 프롬프트 입력하기 심볼마크를 제작하기 위해 입력해야 하는 프롬프트는 '(형태) logo with
(컬러, 특징)'입니다. 예를 들어, '(a penguin) logo with (a black and orange head)'를 입력하면
아래와 같이 나오는데, 심볼마크처럼 보이지는 않습니다.

a penguin logo with a black and orange head --style raw

02. 더 평평하게, flat 추가하기 그럼 여기에 추가로 'flat'이라는 단어를 추가해 보겠습니다. 입체감보다는 평평한 느낌으로 조금 더 단순화해 달라는 의미입니다. [새로고침] 버튼을 클릭한 다음 'logo' 앞에 'flat'을 추가하고 [전송] 버튼을 누릅니다(앞으로 이와 같은 방법으로 계속 수정합니다).

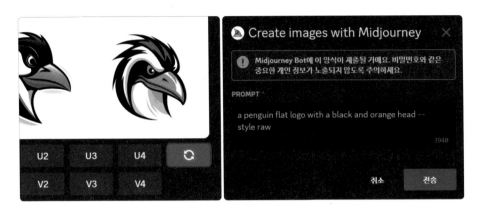

조금 단순해진 느낌은 들지만 여전히 심볼마크로 보기에는 부족함이 많습니다.

a penguin flat logo with a black and orange head --style raw

03. 핵심 키워드 삽입하기 이제 중요한 핵심 키워드를 추가하겠습니다. 가장 앞에 'Geometric shapes, circles, gestalt psychology'를 입력해 기하학적인 선을 표현하고, 정원을 표현하며, 게슈탈트 심리학적인 형태가 중요함을 강조했습니다.

Geometric shapes, circles, gestalt psychology, a penguin
flat logo with a black and orange head --style raw

생성된 형태를 보니 앞서 생성한 이미지보다 훨씬 깔끔하게 정돈되었습니다. 자유로운 선의 형태가
있는 심볼마크가 아닌 이상, 'Geometric shapes, circles, gestalt psychology'가 중요한 키워드라
는 것을 알 수 있습니다.

04. **현대적인 스타일 추가하기** 여기에 추가로 스타일을 넣어보겠습니다. 특정 스타일을 추가하는 프롬
프트는 'in the style of (스타일)'입니다. 현대적인 느낌의 심볼을 만들어 보기 위해 'in the style of
contemporary symbolism'이는 내용을 추가했습니다.

Geometric shapes, circles, gestalt psychology, a penguin flat logo with a
black and orange head, in the style of contemporary symbolism --style raw

미세하지만 뭔가 더 다듬어진 느낌이 듭니다. 특히 두 번째 행의 두 번째 이미지는 폐쇄성의 법칙을 흉내내며 표현한 것이 인상적입니다. 아주 좋은 아이디어를 표현해 주었습니다. 두 번째 행의 세 번째, 네 번째 이미지도 나쁘지 않습니다.

05. 단순화 하기   이제 끝으로, 조금 단순화하기 위해 'minimalist'를 추가하고, 하얀 배경으로 표현하기 위해 'white background'라는 단어를 추가하겠습니다.

Geometric shapes, circles, gestalt psychology, a penguin flat logo with a black and orange head, in the style of contemporary symbolism, minimalist, white background --style raw

완성된 최종 이미지입니다. 처음 생성했던 이미지를 생각해 보면 매우 깔끔한 심볼마크가 만들어졌습니다. 여러 번의 테스트를 거치면 의미 있는 심볼마크가 나올 수도 있을 것 같습니다.

선의 형태가 자유로운 심볼마크를 만드는 것은 어렵지 않습니다. 그러나 앞서 언급한 것처럼 잘 만들어진 심볼마크는 기하학성, 폐쇄성 등의 규칙이 있으며, 이를 표현하는 데 있어서 미드저니는 아직 부족한 부분이 많습니다. 이 부분은 디자이너가 일러스트레이터로 벡터화 작업을 진행하면서 수정 및 보완해야 합니다.

타이포그래피 디자인

미드저니의 텍스트 인식

미드저니는 텍스트 인식에 어려움이 있습니다. 한글은 물론이고, 영문도 장문의 단어는 잘 인식하지 못합니다. V6로 업그레이드 되면서 많이 개선됐다고는 하나 여전히 오타가 나거나 알파벳 하나가 빠지는 경우가 많습니다. 다음 그림은 'Crafter J'라는 텍스트를 입력한 것입니다.

글자 인식이 완벽하지 않다보니, 아직까지는 미드저니에서 타이포그래피를 표현하는 데 한계가 있습니다. 그렇다고 방법이 없는 것은 아닙니다. 알파벳 하나 하나는 잘 인식하므로 문장이 아닌 단어 정도는 알파벳을 하나씩 만들어 조합하면 되기 때문입니다. 그럼 지금부터 알파벳을 하나 하나를 만들어 조합하는 방식으로 타이포그래피를 표현해 보겠습니다.

알파벳 디자인하기

01. **typography letter "C" 입력하기** 이 책에서는 'CRAFTER'라는 단어로 타이포그래피를 표현하고자 합니다. 타이포그래피를 만들 것이므로 프롬프트 가장 앞부분에 'typography'를 작성합니다. 그다음 알파벳 C를 원하는 스타일로 표현해야 합니다.

> **핵심 프롬프트 키워드**
>
> **typography / letter "A~Z" / in the style of ~**

알파벳 C를 생성할 예정이므로, 'typography' 다음에 'letter "C"'를 입력합니다. 팝아트 느낌으로 타이포그래피를 표현해 보겠습니다. 프롬프트에 'in the style of pop art'를 추가합니다.

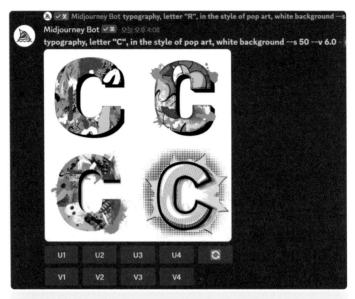

typography, letter "C", in the style of pop art, white
background --s 50 --v 6.0

02. **알파벳 변경하기** 이렇게 원하는 이미지가 생성됐다면 새로고침 버튼을 누르고 프롬프트 내용 중 알파벳 C를 다른 알파벳으로 변경하면 됩니다.

만약 이러한 팝업창이 나오지 않는다면 '/settings' 메뉴로 들어가서 Remix mode를 선택해야 합니다.

03. 알파벳 조합하기 계속 반복적으로 새로고침 버튼을 눌러 프롬프트 내용 중 알파벳을 다른 알파벳으로 변경합니다. 이렇게 하면 비슷한 콘셉트의 다른 알파벳이 생성됩니다. C부터 R까지 모두 변경해서 이미지를 생성했으면 각 4개의 시안 중 콘셉트의 일관성이 가장 잘 느껴지는 시안을 한 개씩 골라 조합합니다.

위 이미지는 생성된 알파벳들 중에서 하나씩 골라 조합한 이미지입니다. 약간의 표현 차이가 있긴 하지만, 전체적인 콘셉트는 팝아트를 유지하고 있기 때문에 이질적이지 않습니다. 그런데 각 알파벳의 표현을 동일하게 만들고 싶으면 어떻게 해야 할까요?

일관성 있는 알파벳 표현하기

앞서 팝아트 스타일로 알파벳을 표현해 봤는데, 이번에는 보다 일관성 있는 알파벳을 표현하도록 프롬프트 앞부분에 어떤 알파벳을 만들 것인지 작성해서 테스트해 보겠습니다.

핵심 프롬프트 키워드

letter "알파벳" with (글자 장식) / orderly arrangements

letter "R" with colorful flowers, in the style of orderly arrangements,
white background

프롬프트 앞부분에 'letter "R" with colorful flowers'를 추가하고, 'orderly arrangements'로 질서 있게 정렬해달라고 했더니 왼쪽 그림처럼 일관성 있는 알파벳을 생성해 주었습니다. 꽃을 조금 더 풍성하게 하고 싶다면 --s 값을 높여 줍니다. 아래의 오른쪽 T 이미지는 --s 1000을 입력하고 생성한 이미지입니다.

기본 값 (--s 100)　　　　　　　　　　　　--s 1000

꽃 대신 다른 오브젝트로 바꾸고 싶다면 프롬프트에서 'with' 다음 단어만 교체하면 됩니다. 예를 들어, 'letter "R" with colorful flowers'에서 'colorful flowers'를 'water drop'으로 바꾸면 물방울이 튀는 효과를 줄 수 있습니다. 다양한 시도를 해보기 바랍니다.

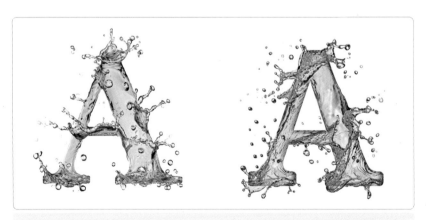

letter "A" with water drop, in the style of orderly arrangements, white background

엠블럼 디자인

엠블럼 디자인의 특징

엠블럼은 장황한 글이나 설명보다는 도식화, 이미지지화되어 있는 그림이나 도안으로 기업이나 단체에서 나타내고자 하는 바를 쉽고 빠르게 이해시키며 각인시킵니다. 엠블럼은 함축적인 내용을 내포하고 있지만, 처음 보는 사람일지라도 누구나 상징하는 바를 알 수 있을 정도로 직관적으로 표현합니다. 직관적이기 때문에 형태를 보고 그 형태에 담긴 의미를 파악하는 데 오랜 시간이 걸리지 않는다는 것입니다.

이는 심볼마크처럼 상징성을 갖지만 의미를 함축하기보다는 직접적으로 표현한다는 점에서 시각적 차이가 있습니다. 미드저니가 상징성에 대한 표현력은 부족하지만, 엠블럼처럼 직접적으로 표현하는 것은 얼마든지 잘 할 수 있습니다.

위 이미지를 보면 그래픽적인 요소는 잘 표현했지만, 아쉽게도 텍스트는 제대로 표현하지 못하고 있습니다. 미드저니의 시안이 마음에 들어도 바로 쓰는 것이 아니라, 일러스트레이터에서 벡터화 작업을 진행해야 하므로 그때 텍스트도 입력해서 완성해야 합니다.

대학교 엠블럼 디자인하기

그럼 지금부터 엠블럼을 만들어 보겠습니다. 주제는 대학교 엠블럼이며, 고풍스러운 느낌을 연출하기 위해 학교 건물과 책을 그래픽 형태로 보여주고자 합니다. 처음부터 완벽한 프롬프트를 작성하기보다는 차근차근 핵심 프롬프트를 작성해가면서 테스트해 보는 게 프롬프트를 이해하는 데 도움됩니다.

핵심 프롬프트 키워드

(형태) emblem logo of (대상, 단체) / rounded text band / thick black line / --s 200~300

01. **기본 프롬프트 입력하기** 프롬프트 창에서 '/imagine'을 입력해 클릭한 다음, 'emblem logo of university'를 입력해 이미지를 생성해 봅니다. 다소 단순한 표현과 함께 엠블럼이 완성됐습니다. 컬러가 적용되지 않았지만, 이는 전혀 문제가 되지 않습니다. 다만 형태적인 측면에서 특징이 없어 보입니다. 손을 봐야 할 거 같습니다.

emblem logo of university

02. 엠블럼 띠 만들기 프롬프트 창에 'rounded text band' 키워드를 추가하면 어떻게 변하는지 보겠습니다. 'rounded text band'는 엠블럼에서 자주 표현되는 '띠'라고 생각하면 됩니다.

'rounded text band'라는 키워드 하나만 들어갔을 뿐인데, 엠블럼의 형태가 많이 달라졌습니다. 조금 더 안정된 느낌입니다. 현재 대학교 엠블럼이라는 점 외에 엠블럼에 들어갈 오브젝트 명칭은 아직 넣지 않았습니다. 이제 우리가 해야 할 일은 엠블럼에 들어갈 오브젝트 명칭을 추가하는 것입니다. 가령 책이나 학사모, 연필과 같은 것들입니다.

emblem logo of university, rounded text band --v 6.0 --style raw

03. 오브젝트 삽입하기 이미지를 새로고침 하면서 프롬프트에 'school building, book, lighting'을 추가했고, 배경을 계속 흰색으로 표현하기 위해 'white background'를 추가했습니다. 엠블럼에 들어갈 오브젝트 명칭을 기입했더니 훨씬 다채로운 엠블럼으로 디자인됐습니다.

emblem logo of university, rounded text band, school building, book, lighting, white background --v 6.0 --style raw

04. **스타일라이즈(--s) 값으로 다양한 느낌 연출하기** 지금부터는 조금 더 다양한 표현을 해볼까 합니다. 가장 먼저, --s 값을 변경하여 완전히 다른 분위기를 연출해 보겠습니다. --s 값이 높으면 장식적인 요소가 추가되므로 더 복잡하고 정교한 엠블럼이 만들어집니다. 반대로 --s 값이 낮으면 보다 심플한 엠블럼으로 표현됩니다.

아래의 왼쪽 이미지는 --s 500을 입력한 결과물이고, 오른쪽 이미지는 --s 0을 입력한 결과물입니다. 왼쪽 이미지는 장식적인 요소가 많이 추가됐으며, 그라데이션과 디테일이 강조됐습니다. 반면 오른쪽 이미지는 상대적으로 깔끔하고, 단순하게 표현됐습니다. 이렇듯 엠블럼 디자인에서 --s 값은 같은 프롬프트로 전혀 다른 느낌을 연출하는 매우 영향력 있는 파라미터입니다. 자주 활용하면서 결과물을 잘 관찰할 필요가 있습니다.

05. **검은색 라인으로 표현하기** 이번에는 검은색 선으로만 이뤄진 엠블럼을 만들어 보겠습니다. 선을 활용한 엠블럼이나 심볼도 어렵지 않게 찾아볼 수 있기 때문에 알아두면 유용합니다.

기존 프롬프트에 'thick black line style'을 추가해 라인 스타일의 엠블럼을 만들어 보겠습니다.

emblem logo of university, rounded text band, thick black line style, school building, book, lighting, white background --v 6.0 --style raw

굵은 선이 잘 표현됐습니다. 특정한 스타일을 표현할 때는 지금처럼 '∼ style'을 입력해도 되고, 'in the style of ∼'로 입력해도 됩니다. 그런데 엠블럼처럼 보이기보다는 아이콘 같은 느낌도 듭니다.

06. 둥근 형태로 만들기 그래서 이번에는 전체적으로 둥근 형태로 만들어 보겠습니다. 프롬프트 맨 앞에 'circle shape'을 추가해 둥근 형태의 엠블럼을 만들 수 있게 했습니다. 바로 확인해 보겠습니다.

circle shape emblem logo of university, rounded text band, thick black line style, school building, book, lighting, white background --v 6.0 --style raw

4개의 시안 모두 둥근 형태가 잘 표현됐습니다. 이런 식으로 프롬프트 앞부분에 형태를 추가하면 해당 형태가 반영됩니다.

다음 그림처럼 일러스트레이터 같은 프로그램에서 디자인을 보완하고 텍스트를 추가해 최종 마무리합니다.

마스코트 디자인

마스코트와 캐릭터 디자인의 차이

캐릭터 디자인을 하기 전에, 흔히 말하는 마스코트와의 차이를 이해하고 시작하겠습니다. 마스코트와 캐릭터 디자인은 차이가 별로 없어 보이는데, 그 차이를 이해하려면 먼저 각각 의 목적과 사용 환경을 이해하는 것이 중요합니다.

마스코트는 브랜드, 기업, 행사, 지역 등을 상징하고 대표하는 역할을 합니다. 마스코트 의 주된 목적은 대중에게 인지도를 높이고, 친근감을 주어 대중과의 긍정적인 연결고리를 형성하는 것입니다. 마스코트는 주로 간단하고 기억하기 쉬운 형태로 디자인되며, 대체로 눈, 얼굴, 표정 등이 과장된 시각적인 특징을 가집니다. 이들은 브랜드의 가치나 특성을 시 각적으로 전달해야 하므로 종종 상징적이고 단순화된 형태를 취합니다. 물론 이는 캐릭터 디자인에서도 마찬가지입니다.

2018 평창동계올림픽 마스코트 수호랑과 반다비(2D/3D)

그렇다면 캐릭터 디자인은 어떨까요?

캐릭터 디자인은 주로 스토리텔링의 일부로 사용됩니다. 애니메이션, 게임, 만화, 영화 등 에서 다양한 이야기와 감정을 전달하는 데 중점을 둡니다. 캐릭터 디자인은 마스코트보다 복잡하고 세부적인 디자인으로 표현할 수 있으며, 감정적 깊이와 개성을 표현하는 데 중점 을 둡니다. 캐릭터의 외모, 옷차림, 행동 등은 캐릭터의 성격이나 스토리 배경을 반영하도 록 디자인되어 있습니다. 그리고 이러한 반영을 통해 관객과 함께 공감을 나누고자 하는 데 목적이 있습니다.

결론적으로 마스코트는 주로 상징성과 브랜드 연결을 위해 단순화되고 친근한 디자인을 가지는 반면, 캐릭터 디자인은 스토리텔링과 개성 표현을 위해 더 복잡하고 다양한 성격을 보여줍니다. 성격이 괴팍하고 불쾌한 행위를 하는 악당처럼 못된 캐릭터는 있지만, 그런 못된 마스코트는 아직까지 없는 것이 가장 큰 차이라고 할 수 있겠습니다. 마스코트는 단체나 기업의 이미지와 연결되기 때문입니다.

시각적 표현의 차이를 정리하자면, 캐릭터 디자인이 마스코트보다 더 다양한 표현이 가능하다고는 하지만 사실상 마스코트와 캐릭터 디자인의 명쾌한 시각적 차이는 없다고 봐야 합니다. 마스코트도 캐릭터 디자인의 일종으로 봐야 하니까요.

미드저니는 마스코트와 캐릭터를 구분할까?

그렇다면 미드저니는 마스코트와 캐릭터를 구분해서 표현할까요? 아니면 마스코트도 결국 캐릭터니까 캐릭터로 표현할까요?

doctor mascot design of bear / doctor character design of bear

분명한 표현의 차이가 있어 보입니다. 왼쪽의 마스코트 디자인은 모두 밝은 얼굴을 하고 있고, 면이 단순화 되어 있어서 벡터 이미지의 느낌이 강합니다. 반면 오른쪽의 캐릭터 디자인은 애니메이션 느낌이 강하며, 표정도 웃는 모습부터 평범한 모습까지 다양합니다. 기본 결과물이 이렇게 다르다는 것은 프롬프트를 입력할 때 'mascot'와 'character'를 구분해서 사용하는 것이 좋다는 뜻으로 해석할 수 있습니다. 물론 마스코트든 캐릭터든 프롬프트를 수정하면 캐릭터를 마스코트 느낌으로, 마스코트를 캐릭터 느낌으로 연출할 수 있습니다. 그러나 미드저니의 이러한 특징을 안다면 캐릭터나 마스코트를 생성하는 데 있어서 더욱 원하는 이미지를 얻을 수 있을 것입니다.

야구나 축구와 같은 스포츠에서는 마스코트 디자인과 캐릭터 디자인의 차이가 더욱 큽니다. 아래의 이미지는 야구 마스코트와 야구 캐릭터를 기본 프롬프트로 생성한 이미지입니다. 이러한 미드저니의 특성을 이해하고 마스코트나 캐릭터를 만들면 원하는 이미지를 보다 쉽게 만들 수 있습니다.

baseball mascot design of tiger / baseball character design of tiger

3D 마스코트 디자인

마스코트 핵심 프롬프트에는 해당 단체, 즉 직업, 스포츠 종목과 같이 누구나 알 수 있는 대중적인 내용이 들어가야 합니다. 만약 특정 회사의 마스코트를 만들고자 한다면 기업명이 아닌, 그 기업이 속해 있는 직업을 넣는 것입니다. 예를 들어, 물류 회사의 마스코트를 만들고자 한다면 택배 기사(Delivery driver)를 프롬프트에 넣는 것입니다. 그밖에 스포츠 종목이나 마스코트의 동작을 넣어도 좋습니다.

핵심 프롬프트 키워드

(직업, 종목, 동작 등) mascot design of (동작, 동물, 야채, 과일 등) / 3d / flat / clay art / toy figurine / --s 0~1000

3d Delivery driver mascot design of carrot, white background --style raw

이번에는 먼저 3D 마스코트를 만들고 2D 마스코트로 변경해 보겠습니다. 3D 형태를 만들 때 핵심 프롬프트는 3d, clay art, toy figurine 등이 있습니다.

01. **기본 프롬프트 입력하기** 아래와 같이 전체적인 프롬프트에 'in the style of toy figurine'이라는 키워드를 추가해 이미지를 생성해 봅니다.

3d Delivery driver mascot design of carrot, in the style of toy figurine, white background --style raw

'3d'라는 키워드가 가장 앞에 들어갔기 때문에 'toy figurine'과의 차이가 거의 없습니다.

02. **보다 심플하게 표현하기** 마음에 드는 이미지를 고르고, 디테일 강도를 조절해 보겠습니다. 4번 마스코트가 마음에 드므로 [U4] 버튼을 클릭해 네 번째 이미지를 업스케일한 다음 수정해 보겠습니다. 이미지가 나오면 [Vary (Subtle)] 버튼을 눌러 다시 4개의 시안을 만듭니다. Vary (Subtle)은 큰 변화 없이 거의 비슷한 이미지를 생성해 줍니다.

Remix Prompt 팝업창이 나오면 --s 0으
로 수정해 보다 심플하게 표현해 봅니다.

03. **디테일한 표현의 차이 비교** --s 값을 0~1000까지 극단적으로 바꿔가며 디테일을 비교해 보
   겠습니다. --s 값이 낮을수록 마스코트가 단순해지고, --s 값이 높을수록 보다 디테일하게 표현
   됩니다.

   아래 그림처럼 확대해 보면 --s 1000으로 생성한 이미지가 형태적인 부분이 더 디테일하고, 색상의
   표현도 보다 입체적으로 표현된 것을 확인할 수 있습니다. 경우에 따라 더 큰 변화가 생기는데 아래 이
   미지는 피규어라는 프롬프트가 들어가 있기 때문에 지나치게 디테일하게 표현되지는 않고 있습니다.

3D 마스코트를 그대로 2D 마스코트로 만들기

01. 3D를 2D로 바꿔 입력하기   이렇게 만들어진 3D 마스코트를 2D 마스코트로 변경해 보겠습니다. 생각 같아서는 앞쪽에 있는 3D를 그냥 2D로 바꾸면 될 것 같은데, 아래 그림처럼 2D로 바꿔도 변화가 거의 없습니다.

2d Delivery driver mascot design of carrot, in the style of toy figurine, white background --s 1000 --style raw

02. 2D로 변경되지 않는 이유   미드저니를 하다 보면 이런 일이 흔히 발생하는데, 크게 2가지 이유가 있습니다. 첫째, 새로고침을 눌러서 Remix Prompt로 수정하면 기존에 생성된 이미지를 수정하는 과정을 거칩니다. 따라서 최대한 원본 이미지를 유지하려고 합니다. 그래서 이런 경우, 새로고침을 누르지 않고 다시 '/imagine'에 프롬프트를 입력해 생성해야 합니다. 그러면 전혀 다른 이미지가 나올 수도 있습니다.

둘째, 다른 프롬프트에 서로 상충되는 내용이 있기 때문입니다. 앞선 이미지의 프롬프트에는 'toy figurine'이라는 프롬프트가 들어가 있습니다. 장난감 같은 피규어로 표현해달라고 했기 때문에 2D가 적극적으로 적용되지 않았습니다.

03. **프롬프트에 flat design 입력하기** 'toy figurine'을 'flat design'으로 변경하고, --s 값도 500으로 낮춰서 조금 단순화하겠습니다.

2d Delivery driver mascot design of carrot, in the style of flat design, white background --s 500 --style raw

2D 이미지가 잘 생성됐습니다. 이처럼 프롬프트 안에서 서로 상충되는 내용이 있을 때 어느 한 내용은 적용되지 않을 수밖에 없습니다. 특정 키워드의 프롬프트가 잘 적용되지 않는다면 서로 상충되는 내용이 없는지 확인하기 바랍니다.

04. **다양한 포즈 및 색상 조정하기** 이제 다양하게 응용해서 멋진 마스코트를 만들어 보세요. 다음 장의 이미지와 같이 마스코트에 동작을 넣고, 복장도 지정하고, 얼굴 표정과 배경 형태까지 입력하면 여러분만의 멋진 마스코트가 완성될 것입니다. 다음 장의 이미지는 엄지척을 하는 동작을 추가한 마스코트입니다.

mascot design of Polar bear holding thumbs up sign, dynamic pose, 2d, red hat and blue uniform, confident smiling face, circle, white background --style raw --v 6.0

mascot design of Polar bear holding thumbs up sign, dynamic pose, 2d, mint hat and brown uniform, confident smiling face, full shot, white background --style raw --v 6.0

캐릭터 디자인

지금부터는 캐릭터 디자인을 해보겠습니다. 미드저니는 'mascot'와 'character'라는 키워드에 따라 표현이 달라지는 것을 확인했습니다. 마스코트 디자인과 캐릭터 디자인은 개념은 서로 다르지만, 우리가 흔히 생각하는 표현 형태는 비슷한 부분이 많습니다. 프롬프트 내용도 크게 다르지 않지만, 캐릭터 디자인 특징상 유명한 캐릭터 디자이너들이 있습니다. 널리 알려진 캐릭터 디자이너에 대해 알고 있고, 그들의 표현 스타일을 알고 있다면 캐릭터를 디자인 하는 데 있어서 훨씬 다양한 표현을 할 수 있을 것입니다.

예를 들어, 애니메이션, 비디오 게임, 만화, 영화 등의 분야에서 활동하는 디자이너들이 있습니다. 몇몇 유명한 캐릭터 디자이너들을 소개해 드리겠습니다.

미야자키 하야오 (Miyazaki Hayao) – 일본의 지브리 스튜디오 설립자이자 애니메이션 감독으로, "센과 치히로의 행방불명", "이웃집 토토로" 등의 유명한 작품에서 매력적인 캐릭터들을 선보였습니다. 분명한 스타일이 있기 때문에 이름을 기억해 두는 게 좋습니다.

미야자키 하야오 studio Ghibli

월트 디즈니 (Walt Disney) – 디즈니 회사의 창립자로서, 너무나도 유명한 미키 마우스, 도널드 덕, 신데렐라와 같은 상징적인 캐릭터들을 만들었습니다. 이러한 캐릭터는 시대가 흘렀음에도 불구하고 많은 사람들에게 익숙한 캐릭터입니다.

토리야마 아키라 (Toriyama Akira) – 일본의 만화가로, "드래곤볼" 시리즈의 창작자로 잘 알려져 있습니다. 베스트셀러로서, 아키라의 캐릭터 디자인은 전 세계적으로 매우 유명합니다.

맷 그레이닝 (Matt Groening) – "심슨 가족 (The Simpsons)"과 "퓨처라마(Futurama)"를 만든 사람으로, 이 두 애니메이션 시리즈의 독특한 캐릭터 디자인으로 유명합니다. 사실 작가명보다 캐릭터 명이 더 유명한 케이스이며, 캐릭터의 특징이 명확하기 때문에 적절히 활용하면 원하는 캐릭터 스타일을 만들 수 있습니다.

스탠 리 (Stan Lee) – 마블 코믹스의 전설적인 인물로, 스파이더맨, 아이언맨, 엑스맨, 헐크 등 수많은 슈퍼히어로 캐릭터를 공동으로 창작했습니다. 마이티 마블 유니버스(Mighty Marvel Universe) 공동 창업자이기도 합니다.

그 외에도 다양한 캐릭터 디자이너들이 있는데, 캐릭터 디자이너에 대해 알아본 이유는 프롬프트에 원하는 캐릭터 디자이너를 넣으면 그들의 스타일로 이미지를 생성해 주기 때문입니다. 캐릭터 디자인뿐만 아니라 모든 디자인, 예술 분야에서 작가의 이름을 넣는 것은 이미지 생성에 큰 영향을 미칩니다.

작가 스타일을 접목한 캐릭터 디자인하기

그럼 지금부터 유명 작가 스타일로 캐릭터를 디자인해보겠습니다. 너무 똑같이 나올까봐 걱정하지 마세요. 미드저니가 알아서 전체적인 분위기만 표방하고, 약간씩 변화를 줄 겁니다.

핵심 프롬프트는 다음과 같습니다. 작가명은 한 작가만 넣지 않아도 되며, 여러 작가명을 넣어도 됩니다. 그러면 여러 작가의 작품 스타일이 접목되어 표현됩니다. 특정 작가 스타일을 강조하고 싶은 경우, 작가명과 style을 앞에 넣고 이미지를 생성할 수도 있습니다.

핵심 프롬프트 키워드

(특징, 감정, 동작, 작가style) character design of (동물, 야채, 과일 등)
/ in the style of (작가명) / minimalist / 옷차림 / 다른 작가명

01. **기본 프롬프트 입력하기** 캐릭터를 만들어보겠습니다. 늘 그렇듯이 간단한 프롬프트로 시작하고, 프롬프트를 수정 및 보완해가며 변화하는 모습을 관찰하겠습니다. 이렇게 이미지를 생성하면 학습하는 데 많은 도움이 됩니다.

먼저 'character design of rabbit'이라는 프롬프트만 넣어서 생성해 보겠습니다.

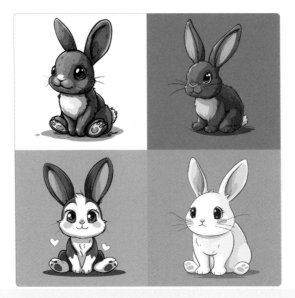

character design of rabbit

02. **작가 스타일 접목하기** 귀여운 토끼가 그려졌는데, 여기에 바로 작가 스타일을 접목해 보겠습니다. 새로고침을 누르고 'in the style of matt groening'을 입력해 맷 그레이닝 작가의 작품인 심슨 스타일의 캐릭터가 만들어지는지 살펴보겠습니다.

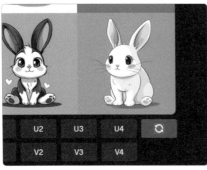

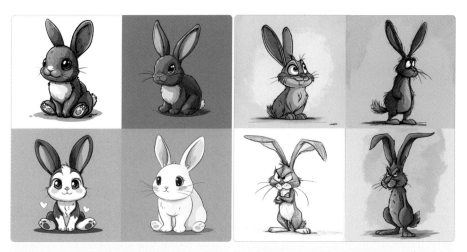

character design of rabbit

character design of rabbit,
in the style of matt groening --v 6.0
--style raw

03. 심슨 캐릭터 키워드 입력하기 맷 그레이닝의 스타일로 표현해 달라고 했더니 귀가 길어지고 표현이 다채로운 이국적인 느낌의 캐릭터가 그려졌습니다. 하지만 심슨 캐릭터 느낌은 나지 않고 있는데, 심슨 캐릭터라는 키워드를 프롬프트 앞에 추가하고 이미지를 생성해 보겠습니다.

simpson character style **character design of rabbit --v 6.0 --style raw**

04. 명암 표현 단순화하기 분위기가 조금 비슷해지긴 했지만 여전히 조금 복잡하고 명암 표현도 있는 상태입니다. 복잡함을 줄이기 위해 'minimalist'라는 키워드와 --s 값을 0으로 입력해서 명암 표현을 단순하게 해보겠습니다.

simpson character style character design of rabbit, minimalist, --s 0 --v 6.0 --style raw

캐릭터 표현이 훨씬 단순해졌습니다. 첫 번째 행의 첫 번째 그림과 네 번째 그림, 두 번째 행의 두 번째 그림과 네 번째 그림이 개성있게 표현됐습니다.

05. 다른 작가 스타일로 합성하기 끝으로 다른 작가명을 넣어서 어떻게 변하는지 확인해 보겠습니다. 다양한 테스트 과정을 거치면서 결과물을 확인해 보는 연습을 하면 여러분만의 캐릭터를 만들 수 있을 것입니다.

앞서 생성한 이미지에 미야자키 하야오 작가 스타일을 접목해 보겠습니다. 새로운 작가명을 추가할 때에는 'in the style of (작가명)'을 입력해도 되고, 그냥 작가명만 입력해도 됩니다.

simpson character style character
design of rabbit, minimalist,
Miyazaki Hayao --v 6.0 --style raw

simpson character style character
design of rabbit, minimalist, Miyazaki
Hayao --s 200 --v 6.0 --style raw

위 그림을 보면 미세한 변화가 생긴 것을 확인할 수 있습니다. 미야자키 하야오 스타일이 약간 가미된
것처럼 보이기도 합니다. 왼쪽은 --s 0으로 생성한 이미지이고, 오른쪽은 --s 200으로 생성한 이미지
입니다. 오른쪽 이미지는 명암 표현이 더 풍성하게 표현됐습니다.

오른쪽의 노란 토끼는 기존 프롬프트에
'white background'를 추가해 생성한 캐릭
터 중에서 마음에 드는 캐릭터 하나를 골라
봤습니다. 이름은 토롱이입니다.

귀염둥이
토롱이

2D 캐릭터를 그대로 3D 캐릭터로 만들기

01. 프롬프트에서 2D를 3D로 변경해서 확인하기 그럼 이번에는 3D 캐릭터를 만들어 보겠습니다. 앞서 그린 토롱이의 3D 버전을 만들고 싶다면 어떻게 해야 할까요? 단순히 프롬프트에 3D만 추가해 생성해 봤습니다.

simpson character style 3D character design of rabbit, minimalist, Miyazaki Hayao, white background --s 200 --style raw

아쉽게도 토롱이의 모습이라고는 볼 수 없을 것 같습니다. 똑같은 프롬프트에 3D만 추가했을 뿐인데 토롱이의 3D 모습이라고 하기에는 옷 색깔부터 눈까지 다릅니다. 최대한 토롱이의 모습을 유지하면서 3D 캐릭터로 표현하려면 3가지 과정이 필요합니다. 첫 번째 과정은 4개의 시안 중에서 1개의 시안을 업스케일하는 것입니다. 즉, 대표할 만한 이미지를 골라야 합니다. 두 번째는 토롱이의 이미지 주소가 필요하고, 세 번째는 토롱이의 시드(seed) 번호가 필요합니다. 3가지 모두 미드저니에서 확인한 다음 새로 이미지를 생성할 때 첨부해야 합니다.

02. **이미지 주소 복사하기** 4개의 시안 중 하나를 골라 업스케일합니다. 그다음 이미지를 클릭해 토롱이의 이미지 주소를 확인하겠습니다. 이미지 주소는 디스코드에서 보여지는 토롱이를 마우스 오른쪽 버튼으로 클릭한 다음 [링크 복사하기]를 눌러 복사합니다.

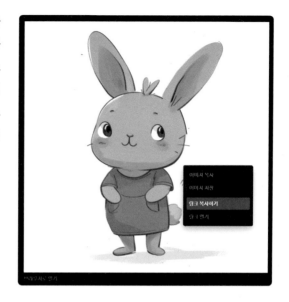

복사한 이미지 주소는 메모장 같은 프로그램을 열고 붙여 넣어 둡니다. 나중에 프롬프트에 복사해서 붙여 넣기 위해 준비하는 겁니다.

03. **시드 번호 추출하기** 이제 시드(seed) 번호를 추출해 보겠습니다. 시드 번호는 해당 이미지의 고유 번호같은 개념으로, 프롬프트에 시드 번호를 입력하면 그와 유사한 이미지를 만들어 주는 역할을 합니다. 생성된 이미지의 오른쪽 상단을 보면 웃는 얼굴의 '반응 추가하기' 아이콘이 있습니다.

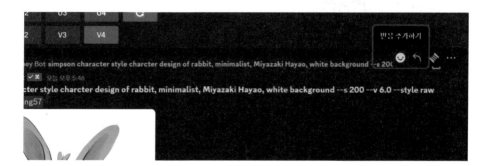

[반응 추가하기] 아이콘을 누른 다음 검색창에 'envelop'을 입력합니다. 그러면 편지봉투 아이콘이 보이는데, 이 편지봉투 아이콘을 클릭합니다.

편지봉투 아이콘을 클릭하면 이미지 아래에 작은 편지봉투 아이콘과 숫자 1이 생깁니다.
왼쪽 상단의 미드저니 아이콘에도 숫자 1이 보입니다. 이 미드저니 아이콘을 클릭해 들어갑니다.

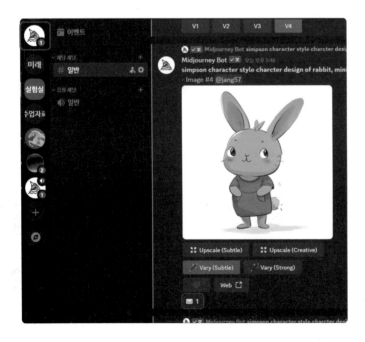

이미지 바로 위에 seed라는 텍스트와 함께 숫자가 보입니다. 이것이 바로 시드 번호입니다. 이 시드 번호도 복사해서 메모장에 붙여 넣습니다.

04. **이미지 주소, 프롬프트 내용, 시드 번호 입력하기** 이제 이미지의 주소와 서드 번호까지 모두 준비됐습니다. 이미지 주소와 프롬프트 내용, 그리고 시드 번호를 입력해 이미지를 생성하기만 하면 됩니다. 아래의 프롬프트 구조를 염두에 두고 프롬프트를 입력합니다.

이미지 주소	기존 프롬프트 내용	시드(seed) 번호

[Vary (Subtle)] 버튼을 클릭해 Remix Prompt 팝업창을 엽니다.

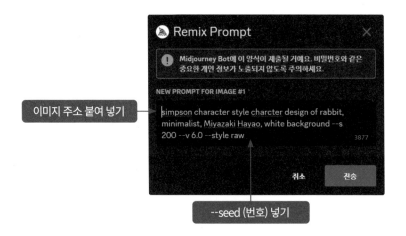

이미지 주소 붙여 넣기

--seed (번호) 넣기

메모장에 붙여 넣어 두었던 이미지 주소를 다시 복사해 프롬프트의 맨 앞에 붙여 넣습니다. 그다음 마찬가지로 메모장에 있던 시드 번호를 복사해 프롬프트 맨 뒤에 붙여 넣습니다. 이때 시드 번호는 --seed (숫자)의 파라미터 형식으로 붙여 넣기 합니다. 끝으로 '3d', 'clay art' 또는 'toy figurine'이라는 키워드를 프롬프트에 추가하고 [전송] 버튼을 누릅니다. 그러면 다음 장의 그림처럼 토롱이의 모습을 최대한 유지한 채 3D 캐릭터 형태로 이미지를 생성해 줍니다.

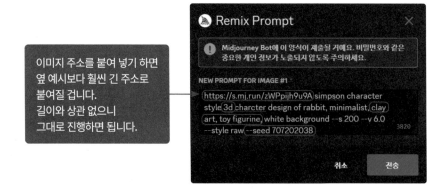

이미지 주소를 붙여 넣기 하면
옆 예시보다 훨씬 긴 주소로
붙여질 겁니다.
길이와 상관 없으니
그대로 진행하면 됩니다.

https://s.mj.run/zWPpijh9u9A simpson character style 3d character design
of rabbit, minimalist, clay art, toy figurine, white background --s 200 --v 6.0
--style raw --seed 707202038

4개의 시안 중에 첫 번째 이미지와 네 번째 이미지가 2D 캐릭터 원본과 유사하게 나왔습니다. 다른
시안들도 옷차림에 미세한 변화가 있지만, 눈동자나 얼굴 생김새가 매우 비슷하게 표현됐습니다.

또한, 프롬프트 앞부분에 길었던 이미지 주소가 위 프롬프트처럼 자동으로 단축되어 들어가 있습니
다. 그리고 프롬프트 가장 뒤에 붙여 넣었던 --seed (번호)는 이미지가 생성된 후 프롬프트 내용에는
보이지 않습니다.

3D 캐릭터를 그대로 2D 캐릭터로 만들기

그럼 이번에는 3D 캐릭터를 2D 캐릭터로 만들어보겠습니다. 2D를 3D로 만드는 방법과 비슷할 것 같지만, 약간의 차이가 있습니다. 단순히 3D를 2D로 바꿔서 잘 적용되면 좋지만 그렇지가 않습니다. 어떤 차이가 있는지 함께 알아보겠습니다.

옆 이미지는 3D 의사 캐릭터 중 하나를 업스케일한 이미지입니다. 간단하게 '3d character of doctor theme, white background'라는 프롬프트로 만들어졌습니다.

01. **이미지 주소 복사하기** 먼저 이미지 주소를 복사해야 합니다. 이미지를 마우스 오른쪽 버튼으로 클릭한 다음 [링크 복사하기]를 클릭합니다. 그다음 메모장에 붙여 넣어 둡니다.

02. 시드 번호 추출하기 이제 시드 번호를 복사해야 합니다. 오른쪽에 있는 웃는 얼굴 아이콘의 [반응 추가하기] 아이콘을 클릭하고, 검색창에 'envelop'을 입력합니다. 그리고 편지봉투 아이콘을 클릭하면 시드 번호가 미드저니로 발송됩니다.

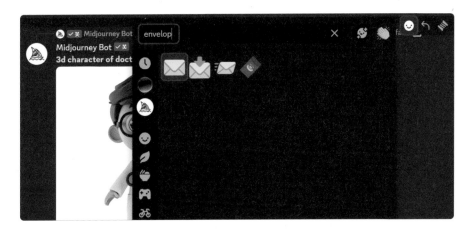

왼쪽에 있는 미드저니 아이콘을 클릭하면 시드 번호를 확인할 수 있습니다.

03. **이미지 주소, 기존 프롬프트 내용, 시드 번호 입력하기** 다시 작업하던 미드저니 서버로 돌아와서 [Vary (Subtle)] 버튼을 클릭하고 프롬프트를 수정하겠습니다. 프롬프트의 구조는 앞서 2D를 3D로 만들었던 것과 같습니다.

위 이미지처럼 프롬프트 앞쪽에는 이미지의 주소를, 뒷쪽에는 시드 번호를 붙여 넣습니다.

이미지 주소와 시드 번호는 미리 메모장에 복사한 내용을 붙여 넣으면 됩니다.

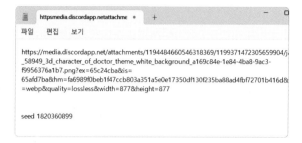

'3d'를 '2d'로 변경하고, 'vector', 'flat'이라는 프롬프트를 추가해서 2D 캐릭터로 표현하려 합니다.

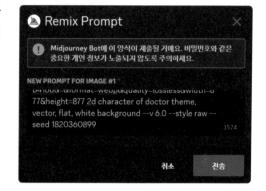

분명히 '2d', 'vector', 'flat'을 입력했음에도 불구하고 3D 캐릭터가 그대로 유지되고 있습니다. 이유는 두 가지가 있습니다.

https://s.mj.run/tooVfR3Z8QA 2d character of doctor theme, vector, flat, white background --v 6.0 --style raw

프롬프트가 제대로 적용되지 않는 첫 번째 이유는 이미지 주소로 들어간 이미지가 3D 캐릭터 이미지이기 때문입니다. 두 번째 이유도 마찬가지로 시드 번호가 같은 3D 캐릭터 이미지이기 때문입니다. 2개의 3D 캐릭터가 프롬프트에 들어가 있기 때문에 어떤 프롬프트를 넣어도 2D로 잘 표현되지 않습니다.

04. **이미지 영향력 줄이기** 따라서 이미지 주소로 들어간 이미지의 영향력을 줄여야 합니다. 시드 번호는 캐릭터의 고유한 형태를 갖고 있기 때문에 시드 번호를 삭제해서는 안 됩니다. 단지 프롬프트 앞에 입력한 이미지 주소의 영향력을 줄이는 게 현명한 방법입니다. 이미지의 가중치를 낮추거나 높이는 파라미터는 --iw 입니다. 기억 나시죠? 바로 이 --iw 값을 1미만으로 낮춰줍니다. 1이 평균이고, 2가 최댓값, 0이 최솟값인데, 만약 --iw 2로 설정하면 이미지의 영향력이 커져서 결과물이 첨부한 이미지와 비슷해집니다. 이 책에서는 이미지의 영향력을 줄일 것이므로 --iw 0.3 정도로 낮춰보겠습니다.

생성된 이미지를 보니, 원본 3D 캐릭터의 스타일을 유지하면서 2D 캐릭터가 생성됐습니다. 이렇게 이미지 주소를 프롬프트에 첨부했을 때는 --iw 파라미터를 적절히 조절해야 원하는 결과를 얻을 수 있습니다.

하나의 캐릭터로 다양한 동작과 표정 표현하기

한 가지 동작만 필요한 캐릭터도 있지만, 여러 동작이 필요한 캐릭터도 있습니다. 미드저니는 앞서 마스코트 디자인에서 확인했듯이 엄지척 같은 동작을 표현할 수 있습니다. 다만 여러 가지 동작을 한꺼번에 표현할 때에는 랜덤 형식으로 표현되므로 여러 번의 테스트가 필요할 수 있습니다.

다양한 동작을 표현하는 핵심 프롬프트는 'multiple poses', 'multiple emotion expressions', 'character sheet', 'character set' 등이 있습니다.

핵심 프롬프트 키워드

multiple poses / multiple emotion expressions / character sheet / character set / rendered in unreal engine

01. **기본 프롬프트 입력하기** 아래 이미지는 '보라색 배경에서 신나게 노는 당근 캐릭터'라는 프롬프트를 입력해서 만든 이미지입니다. 게임에서 그래픽, 시뮬레이션 등 실감 나게 만드는 기능을 제공하는 'unreal engine'이라는 키워드를 추가해 보다 입체감 있게 표현했습니다.

playful character design of carrot shaped on purple background, in the
style of rendered in unreal engine --style raw

02. 다양한 자세 표현하기   새로고침을 눌러 프롬프트에 내용을 추가해 보겠습니다. 기존 프롬프트에 'multiple poses'와 'character sheet'를 추가해 다양한 자세를 표현하는 캐릭터 시트를 만들어 주는지 확인해 보겠습니다.

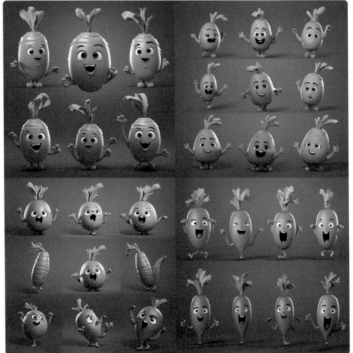

다양한 포즈의 당근 캐릭터가 표현됐습니다. 배경이 보라색 콘셉트라 각자 따로 떼어내서 쓰려면 추가 작업이 필요하겠지만, 배경을 흰색으로 바꾼다면 쉽게 분리해서 사용할 수 있습니다.

새로고침을 누른 다음 프롬프트 내용 중에 'purple'을 'white'로 바꿔서 다시 이미지를 생성해 봅니다. 아래 그림처럼 배경이 흰색으로 바뀌었습니다.

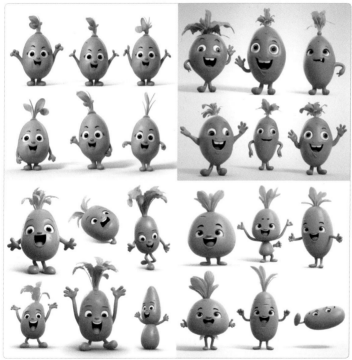

03. 다양한 감정 표현하기 동작은 다양하지만, 표정이 비슷해 보이므로 프롬프트에 'multiple emotion expressions'를 추가해 다시 이미지를 생성해 보겠습'니다.

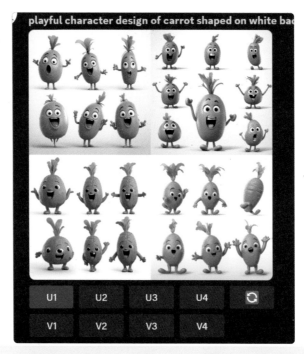

playful character design of carrot shaped on white background, multiple poses, multiple emotion expressions, in the style of rendered in unreal engine --style raw

놀란 표정, 환호하는 표정, 웃는 표정이 보입니다. 동일한 콘셉트로 다양한 동작과 표정을 얻기 위해 마음에 드는 시안 하나를 골라 업스케일합니다. 이 책에서는 첫 번째 이미지를 업스케일하겠습니다.

04. **더욱 다양한 동작과 표정 표현하기**   지금보다 더 많은 다양한 캐릭터의 동작을 생성하고 싶다면 [오른쪽 화살표] 버튼을 눌러 프롬프트 내용을 수정하지 않고, 그대로 이미지를 한 번 더 생성합니다.

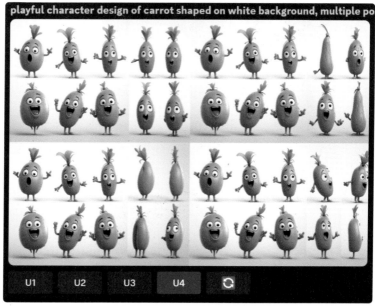

각각의 시안에서 오른쪽에 4개의 캐릭터가 다른 동작으로 추가됐습니다. 특히 등을 보이거나 옆모습을 보이는 경우도 많이 나오므로 유용합니다.

저는 네 번째 캐릭터 이미지가 마음에 들어 [U4] 버튼을 눌러서 해당 이미지만 따로 뽑아 냈습니다. 그 다음 또 다시 [오른쪽 화살표] 버튼을 눌러 프롬프트 수정 없이 바로 이미지를 생성했습니다.

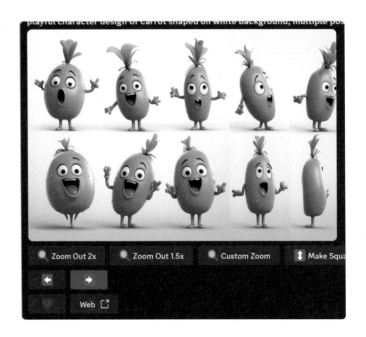

이 과정을 좌우로 반복하면 아래 이미지처럼 다양한 뷰와 동작을 계속해서 생성할 수 있습니다. 여러 번의 이미지 생성 테스트를 거친 후 괜찮게 나온 이미지를 몇 개 선택해서 잘 사용하면 됩니다.

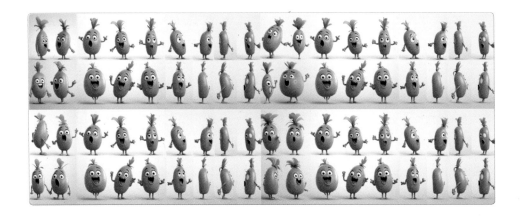

한 번에 수십 개의 캐릭터 스타일 시안 만들기

지금까지는 입력한 프롬프트를 토대로 한 번에 4개의 시안을 보여줬습니다. 그러나 캐릭터 디자인의 경우 표현 스타일이 워낙 다양해서 어떤 스타일로 어떻게 프롬프트를 입력해야 할 지 난감할 때가 있습니다. 이런 부분을 미드저니가 V6로 업그레이드 되면서 손쉽게 해결해 주고 있습니다.

바로 '/tune'이라는 기능입니다. 이 기능은 이미지의 표현 범위를 다양하게 해주는 역할을 하고, 디자이너에게는 더욱 창의적인 영감을 줄 수 있는 중요한 기능입니다. 특히 지금과 같은 캐릭터 작업에 활용하면 좋습니다.

01. /tune 명령어 사용하기 프롬프트 입력창에 '/tune'을 입력한 다음 엔터 키를 누르고 프롬프트 창에 'character design of super hero'라고 입력합니다.

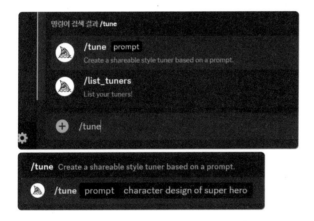

그러면 다음과 같이 32개의 스타일부터 128개의 스타일까지 한꺼번에 보여주는 메뉴가 나오는데, 그 중에서 하나를 선택할 수 있습니다. [32 Style Direction]을 선택하면 총 32개의 스타일을 한꺼번에 볼 수 있습니다.

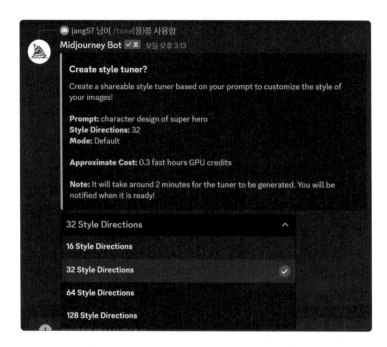

다만 스타일의 양이 많아질수록 미드저니 구독 크래딧도 많이 줄어듭니다. 시안을 한꺼번에 많이 보여 주므로 어쩌면 당연한 결과입니다. 따라서 [128 Style Directions]보다는 [32~64 Style Directions]를 선택하는 것이 경제적입니다. 충분히 많은 양의 시안이기도 하고요.

02. **스타일 시안 개수 정하기** 몇 개의 스타일을 볼 건지 선택합니다. 이 책에서는 [32 Style Directions]를 선택했으며, 바로 아래 Default mode를 [Raw mode]로 설정했습니다. 그 다음 [Submit] 버튼을 누르면 소요되는 크래딧이 있는데 정말로 진행할 것인지 묻습니다. [Are you sure?] 버튼을 눌러서 바로 진행합니다.

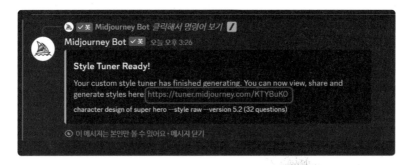

다소 시간이 걸릴 수 있는데, 잠시 기다리면 위와 같이 URL 링크가 포함된 결과를 보여줍니다. URL 링크를 클릭해서 들어가면 여러 가지 스타일의 시안이 잔뜩 나올 것입니다.

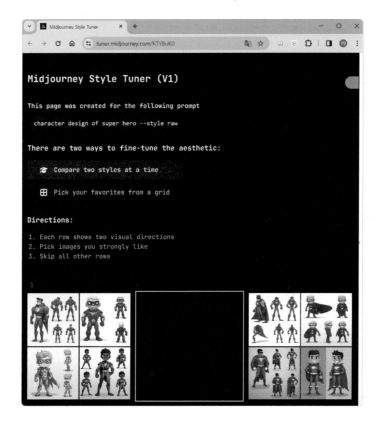

웹사이트 창이 열리고, 행별로 2개의 스타일을 제시한다고 나와 있습니다. 스크롤을 내리면 슈퍼 히어로 캐릭터를 다양한 스타일로 표현한 이미지 시안들이 보입니다.

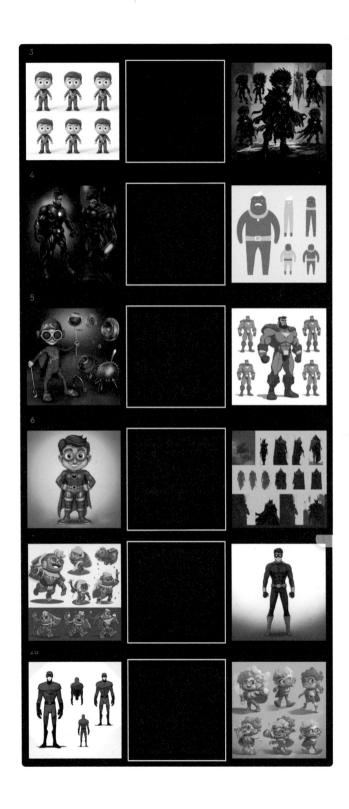

03. 원하는 스타일 시안 고르기 이제 원하는 이미지 시안을 하나
골라서 해당 스타일로 다시 프롬프트를 입력해 이미지를 생성하
면 됩니다. 이 책에서는 오른쪽의 이미지를 선택했습니다. 이미
지를 선택하면 하단에 프롬프트가 생성되고, 프롬프트 오른쪽에
[복사] 아이콘이 보입니다. 아이콘을 클릭해 프롬프트를 복사합
니다.

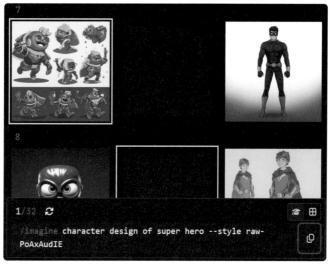

04. 선택한 시안으로 프롬프트 입력하기 다시 미드저니로 돌아가 평소와 같이 '/imagine'을 입력하고
앞서 복사한 내용을 Ctrl+V로 붙여 넣습니다. 그러면 뒷부분에 알 수 없는 알파벳들이 생긴 걸 확인
할 수 있습니다. 엔터 키를 눌러 이미지를 생성합니다.

왼쪽 이미지는 선택했던 스타일이고, 다음 장의 이미지는 새로
생성한 이미지입니다. 원본 스타일과 유사한 스타일로 슈퍼 히어
로 캐릭터가 완성됐습니다.

2D 아이콘 디자인

2D 아이콘 디자인은 사용자 인터페이스(UI)와 사용자 경험(UX) 디자인에서 중요한 부분을 차지합니다. 그러나 꼭 UI, UX 디자인에서만 아이콘을 사용하지는 않습니다. 교육을 위한 교재 내용 중 복잡한 개념이나 지침을 간소화하여 설명하는 데도 아이콘이 사용되고, 카드뉴스, 리플렛, 브로슈어, 포스터에서도 중요 정보를 눈에 띄게 하고 메시지 전달을 빠르고 효율적으로 해줍니다.

UX, UI를 위한 아이콘은 디자인 특징상 대체로 일관성을 띠는 것이 많지만, 카드뉴스, 리플렛, 브로슈어, 포스터에 들어가는 아이콘은 형식에 얽매이지 않고 해당 디자인 콘셉트에 맞게 적절히 디자인하게 됩니다. 따라서 디자인 콘셉트에 따라 아이콘 디자인이 달라지는 상황을 감안해서 자신만의 아이콘을 만들어 보는 시간을 갖겠습니다.

아이콘 디자인의 특징

포스터, 브로슈어, 리플렛, 카드뉴스 등의 매체에서 사용되는 2D 아이콘 디자인은 시각적으로 명료해야 하며, 쉽게 이해될 수 있는 가독성, 일관성 등의 특징이 있습니다. 즉, 아이콘은 복잡하지 않으면서도 쉽게 인식할 수 있는 형태로 제작해야 합니다. 색상은 2가지 내외로 제한적으로 사용하는 경우와 의도적으로 많은 컬러를 사용하는 경우가 있습니다. 의도적으로 많은 컬러를 사용할 때는 반드시 일관성이 있어야 합니다. 아이콘은 복잡한 정보나 메시지를 간단하고 직관적으로 전달하고, 중요한 내용이나 사용자의 주의를 끄는 데에 사용됩니다.

미드저니로 2D 아이콘을 디자인하는 2가지 방법

미드저니로 아이콘을 디자인하는 방법은 크게 2가지가 있습니다. 아이콘을 디자인할 때 적게는 수 개에서 많게는 수십 개의 아이콘을 제작해야 하는데, 아이콘의 형태적 특징과 색상 등이 동일하게 적용돼야 하는 특징이 있습니다.

미드저니는 한 번에 여러 개의 아이콘을 동일한 콘셉트로 제작할 수 있습니다. 그러나 한 번에 여러 개의 아이콘을 생성했을 때의 단점도 있습니다. 여러 개의 아이콘을 한 번에 제작하다 보니 아이콘의 디테일함이 떨어질 수 있고, 원하는 오브젝트 모양의 아이콘이 생성되지 않을 수도 있습니다. 이러한 단점을 개선하기 위해 아이콘 디자인을 같은 콘셉트로 한 개씩 진행해서 여러 개의 아이콘을 모으는 방법도 있습니다. 그렇다면 전자와 후자의 차이와 장단점, 그리고 활용 방안을 알아보겠습니다.

한 번에 여러 개의 아이콘 생성

한 번에 한 개의 아이콘 생성

다양한 아이콘 디자인 스타일

2D 아이콘 디자인에는 다양한 스타일이 있습니다. 각 스타일은 특정 느낌과 기능이 있어서 미드저니에서도 프롬프트의 핵심 키워드로 사용할 수 있습니다. 먼저 2D 아이콘 디자인의 주요 스타일을 살펴보겠습니다.

1. 플랫 디자인 (Flat Design)

단순하고 최소한의 디자인 요소를 사용합니다. 그림자, 그라데이션, 3D 요소가 없으며, 강렬한 색상과 명확한 선을 사용합니다. 현대적이고 깔끔한 인터페이스에 적합하며, 사용자의 주의를 빠르게 끌기에 좋습니다.

2. 스큐어모피즘 (Skeuomorphism)

실제 물체의 질감과 형태를 모방합니다. 그림자, 반사, 질감 등을 사용하여 3D 같은 느낌을 줍니다. 과거 휴대폰 아이콘 등에서 자주 사용됐으나, 최근에는 UI/UX 디자인에서 잘 사용하지 않습니다. 디테일한 표현이 있다보니 플랫 디자인보다 디자인 작업 과정이 다소 복잡할 수 있습니다.

3. 글라스모피즘 (Glassmorphism)

최근 UI/UX 디자인에서 인기를 끌고 있는 디자인 트렌드 중 하나입니다. 이 스타일은 특히 투명도와 색상 오버레이, 빛과 그림자의 사용으로 유리 또는 투명한 소재의 느낌을 재현합니다.

4. 글리피콘 (Glyph Icon)

단순화된 표현과 기하학적 형태로 디자인된 아이콘입니다. 일반적으로 단색으로 표현되며, 간략하게 구성돼 있습니다. 글리피콘은 사용자 인터페이스에서 공간을 절약하면서도 명확한 시각적 커뮤니케이션을 제공하는 데 유용합니다. 최근에 앱에서 사용되는 아이콘의 상당수는 글리피콘 형태라고 봐도 될 정도로 많이 활용되고 있습니다. 예를 들면, 화살표, 재생 버튼, 검색 아이콘, 홈 아이콘과 같은 간단한 기능을 나타내는 아이콘들이 글리피콘에 해당합니다.

5. 라인 아이콘 (Line Icon)

선으로만 이루어진 아이콘으로, 일반적으로 굵기가 일정한 선을 사용합니다. 단순하고 모던한 디자인을 추구할 때 적합하며, 특히 미니멀리즘 디자인에 잘 어울립니다.

아이콘 세트를 활용한 2D 아이콘 디자인

먼저 아이콘 세트를 활용해 2D 아이콘을 디자인 해보겠습니다. 핵심 프롬프트는 스타일을 포함한 'icon set'와 함께 표현하고자 하는 '오브젝트명', '컬러', 그리고 2D 아이콘을 만들 것이므로 'flat'을 함께 입력하면 좋습니다.

핵심 프롬프트 키워드

(스타일) icon set of (오브젝트 명칭) / 컬러 / in the style of flat
/ minimalist / minimalist form / vector

a small cute **icon set of** camera, house, book, phone, table, bulb,
in the style of flat, mint and blue, white background --v 5.2 --style raw

생성된 이미지를 보면 2D 형태로 표현됐습니다. 프롬프트에 2D를 넣지 않는다 하더라도 'icon', 'flat'이라는 키워드를 통해 자연스럽게 2D로 표현된 것입니다. 현재 테두리가 들어간 아이콘으로 표현됐는데, --no 파라미터를 사용해 테두리를 지워보겠습니다. 테두리는 아이콘의 스타일을 결정하는 중요한 요소이기 때문에 테두리가 있는 아이콘과 없는 아이콘을 자유롭게 표현할 수 있어야 합니다.

[새로고침] 버튼을 누르고 Remix Prompt 팝업창이 나오면 프롬프트 뒷 부분에 '--no black stroke' 프롬프트를 추가해 이미지를 생성해 봅니다.

'--no black stroke' 프롬프트를 추가해 이미지를 생성했는데, 검은색 테두리가 그대로 보인다면 프롬프트 앞부분에 'flat icon set', 중간에 'minimalist'를 추가해 이미지를 생성해 보기 바랍니다. 'cute'라는 프롬프트 때문에 검은색 테두리가 계속 적용될 수 있기 때문에, 'cute'를 'flat'으로 바꿔준 것입니다.

flat icon set of camera, house, book, phone, table, bulb, in the style of flat,
minimalist, mint and blue, white background --v 5.2 --style raw

수정된 프롬프트가 잘 적용돼서 테두리가 없는 아이콘이 만들어졌습니다. 그런데 자세히
보니 몇 가지 표현되지 않은 아이콘이 보입니다. 카메라, 집, 책, 전화기, 테이블, 전구 아
이콘을 만들려고 했는데, 집이 많고 나머지는 거의 보이지 않습니다. 오브젝트의 수를 줄
이면 잘 나오기는 하지만, 여러 오브젝트를 번갈아 가면서 해야 하는 번거로움이 있습니
다. 따라서 원하는 아이콘을 낱개로 보다 디테일하게 생성하는 것도 좋은 방법이 될 수 있
습니다. 낱개로 생성했을 때의 장점은 보다 원하는 스타일의 아이콘 형태를 얻을 수 있다
는 것입니다.

개별적으로 2D 아이콘 디자인하기

이번에는 개별적으로 아이콘을 만들어 보겠습니다. 만약 만들어야 하는 아이콘의 개수가 많을 경우, 타이포그래피에서 했던 것처럼 따로 만들어서 서로 조합하는 과정을 거치면 됩니다. 물론 이 과정 또한 여러 번의 이미지 생성 테스트를 거치는 과정이 필요합니다. 일관성 있는 아이콘을 얻기 위해서는 많은 테스트를 거치는 것이 좋습니다.

기본적인 아이콘을 만들어 보면서 스타일별로 수정, 보완해 보겠습니다.

핵심 프롬프트 키워드

(스타일) icon of (오브젝트 명칭) / in the style of (아이콘 스타일)
컬러 / minimalist / minimalist form / vector

a small cute **icon of** house, **in the style of** 10pt bold black lines, yellow, green, white background --v 5.2 --style raw

01. 아이콘 선정하기 아이콘을 여러 번 생성하면서 만족스러운 아이콘을 찾았으면 마음에 드는 아이콘을 스케일업 합니다.

02. 시드 번호 추출하기 업스케일한 이미지의 시드 번호를 활용해서 비슷한 스타일의 다른 아이콘을 만들 예정입니다. 시드 번호를 생성하겠습니다. 오른쪽 상단에 있는 [반응 추가하기] 아이콘을 클릭한 다음 검색창에 'envelope'을 입력해 편지봉투 아이콘을 클릭합니다.

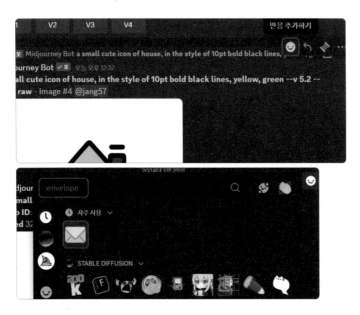

그러면 왼쪽 상단의 미드저니 아이콘에 빨간 숫자 1이 표시되고, 이를 클릭해서 들어가면 시드 번호를 볼 수 있습니다. 이 번호를 잘 복사해 둡니다.

03. **같은 콘셉트의 다른 아이콘 만들기** 이제 이 시드 번호를 활용해서 비슷한 콘셉트로 다른 오브젝트 아이콘을 만들어보겠습니다. 프롬프트 창에서 '/imagine'을 입력하고 기존 프롬프트 내용을 그대로 입력합니다. 그 다음 'house'를 'camera'로 변경하고, 시드 번호를 입력한 후 이미지를 생성합니다.

a small cute icon of camera, in the style of 10pt bold black lines, yellow, green, white background --v 5.2 --style raw --seed 3215398070

위와 같이 시드 번호 이미지와 유사한 형태로 표현됐습니다. 이와 같은 방법으로 오브젝트 명을 바꾸면 해당 오브젝트의 아이콘이 생성됩니다. 아래 이미지는 오브젝트 명을 각각 'laptop', 'cup', 'tree', 'chair'로 변경해서 만든 이미지입니다.

04. **아이콘 조합하기** 오른쪽의 아이콘 시안 중에서 선의 두께나 표현의 일관성을 따져 각각 한 개의 대표 아이콘을 선택해서 조합하면 아이콘 디자인이 종료됩니다. 물론 벡터화 AI 서비스나, 일러스트레이터 같은 프로그램에서 벡터 작업이 이뤄져야 최종 마무리가 되겠죠.

글리피콘 2D 아이콘 디자인하기

앞서 몇 가지 아이콘 디자인 스타일을 알아봤습니다. 내가 원하는 아이콘을 디자인하기 위해서는 기본적으로 아이콘 디자인 스타일에 대해 알고 있으면 도움이 될 것입니다. 아이콘 디자인 스타일을 프롬프트에 적용해서 어떤 변화가 있는지 알아보겠습니다.

먼저 가장 단순한 아이콘이라고 할 수 있는 글리피콘(Glyphicon) 스타일로 만들어보겠습니다.

글리피콘은 단색으로 매우 심플하다는 디자인 특징이 있습니다. 앱이나 웹사이트에서 자주 쓰이는데, 사실 이러한 아이콘은 구글 폰트에 수많은 샘플들이 있으며, 그밖의 다른 앱에서 플러그인 개념으로 제공하는 경우도 많습니다. 즉, 앱에 쓰이는 아이콘을 시간과 공을 들여서 직접 디자인할 필요가 없습니다. 어차피 사람들에게 친숙한 모양으로 작업해야 하기 때문입니다.

그렇다고 아예 디자인할 필요가 없는 것은 아닙니다. 앱을 위한 디자인만 있는 것이 아니니까요. 우리는 이러한 글리피콘 스타일의 그래픽을 여러 디자인에 활용할 수 있습니다.

Glyph **icon of camera, in the style of** glyph, **yellow, green** --seed 3215398070 --v 5.2 --style raw

위 그림을 보면 'Glyph'라는 키워드가 두 번이나 들어갔는데, 글리피콘 형태로 표현되지 않았습니다. 이유는 --seed 옵션으로 시드 번호가 들어가 있기 때문입니다. 이 시드 번호는 테두리가 있는 집 모양이었기 때문에 카메라에 테두리가 적용된 것입니다.

시드 번호를 삭제하고 'in the style of glyph'를, 'in the style of minimalist'로 변경하겠습니다. 'glyph'와 'minimalist'는 성질이 비슷해 함께 있으면 좋은 키워드입니다. 이 때 새로고침 버튼을 눌러 Remix Prompt 창에서 수정하지 말고, 프롬프트 창에 '/imagine'으로 직접 입력해야 합니다. Remix Prompt 창에서 수정하면 원본의 영향을 받아 제대로 수정이 안 될 수도 있습니다.

Glyph icon of camera, in the style of minimalist, red, white background
--v 5.2 --style raw

괜찮은 아이콘이 만들어졌습니다. 심플하면서도 붉은 색 과 검은색의 조화가 강렬한 느낌을 줍니다. 이러한 그래픽 은 앞서 언급한 것처럼 인쇄물, 인포그래픽 등 다양한 디 자인에 활용될 수 있습니다.

동그라미가 표현된 그림

오브젝트 명칭을 스포츠 종목으로 바꿔서 이미지를 생성했더니 위 아이콘처럼 동그라미가 계속 표현돼서 --no circle 파라미터를 입력했습니다. 이후 동그라미는 더이상 표현되지 않아 가장 마음에 드는 시안 한 개를 골라 업스케일한 후 시드 번호를 만들었습니다.

왼쪽 이미지와 아래에 나오는 이미지는 '/imagine'으로 기존 프롬프트를 입력하면서 시드
번호까지 입력한 후 스포츠 종목별로 명칭을 입력해서 이미지를 생성한 것입니다.

red glyphiicon of (athletics, baseball, football, tennis) in the style of minimalist,
white background --no circle --seed 857242967 --v 5.2 --style raw

3D 아이콘 디자인

3D 아이콘 디자인의 특징

이제 3D 아이콘을 만들어 보겠습니다. 3D 아이콘은 2D와는 다른 몇 가지 특징이 있습니다.

대체로 그림자, 하이라이트, 투명도, 반사 등의 효과를 사용하여 물체의 깊이와 입체감을 표현합니다. 이러한 입체감을 표현하는 데 있어서 중요한 요소는 오브젝트 자체에서 표현되는 조명과 그림자입니다. 이러한 요소들은 아이콘에 깊이를 더하고, 오브젝트의 전반적인 시각적 느낌을 연출합니다. 또한, 오브젝트의 각도와 관점도 3D 아이콘 디자인에 있어서 중요한 역할을 합니다. 가령 오브젝트를 정면에서 바라볼 것인지 약간 측면에서 바라볼 것인지에 따라 그 느낌이 전혀 달라집니다.

스큐어모피즘(Skeuomorphism) 아이콘 디자인하기

스큐어모피즘은 한때 디자인 스타일에서 매우 자주 사용되는 스타일이었습니다. 일러스트레이터로 아이콘에 부피와 디테일함, 질감을 주는 일은 많은 노력과 디자인 감각이 필요했습니다. 그래서 스큐어모피즘을 잘 표현한다는 건 디자인 감각과 실력이 있다는 얘기처럼 들렸습니다. 그러나 아쉽게도 현재의 디자인 트렌드는 스큐어모피즘과는 전혀 다른 방향으로 가고 있습니다. 플랫(flat)한 디자인처럼 정갈하며 단정하고, 단순한 디자인을 선호하는 경향이 더 강해졌습니다.

자주 사용하지 않는다 하더라도 디자이너라면 스큐어모피즘을 표현할 수 있으면 좋습니다. 예를 들어, 일러스트레이터로 스큐어모피즘을 표현한다는 것은 다른 스타일도 자유롭게 표현할 수 있다는 의미도 됩니다. 그럼 지금부터 함께 표현해 보겠습니다.

이쯤 되면 여러분은 프롬프트 내용의 구조를 이해하고 직접 작성해 나갈 수 있을 것입니다.

Skeuomorphism **icon of camera, in the style of** detail design, volume, material, white background --s 200 --v 6.0

01. **기본 프롬프트 입력하기** 위 이미지는 프롬프트에서 스큐어모피즘을 제일 앞에 넣었고, 보다 자세히 표현하기위해 'detail design'을 스타일로 넣었습니다. 부피감과 질감을 표현하기 위해 'volume', 'material'을 추가했고, 장식적인 요소를 더 첨부하기 위해 --s 값을 200으로 높였습니다.

02. **Front view로 수정하기** 한 번에 많은 내용을 넣었는데, 그럼에도 불구하고 수정할 부분이 있어 보입니다. 먼저 정면 뷰가 아닌 이미지가 있어서 모두 정면 뷰로 바꿔보겠습니다. [새로고침] 버튼을 누르고 Remix Prompt 창에서 가장 앞부분에 'front view'를 추가한 다음 다시 이미지를 생성해 보겠습니다.

03. **단순화하기** 모두 정면 뷰로 바뀌었습니다. 그런데 너무 디테일한 느낌입니다. 디테일함을 낮추고 조금 귀엽게 표현해 보겠습니다. 현재 --s 값이 200으로 조금 디테일하게 설정돼 있는데, --s 값을 0으로 낮추고 'cute'라는 키워드를 'icon' 앞에 추가해 보겠습니다. 그리고 'detail design'도 'minimalist'로 바꾸겠습니다.

Skeuomorphism cute icon of camera, in the style of minimalist, volume, material, white background --s 0 --v 6.0

카메라의 디테일함이 조금 단순해졌습니다. 세 번째, 네 번째 이미지는 스큐어모피즘의 특징을 잘 표현하고 있습니다.

04. 다른 오브젝트로 만들어 보기 원하는 스타일의 이미지가 생성됐으니, 이제 오브젝트 명칭을 바꿔서 이미지를 생성해 보겠습니다. 노트북('laptop'으로 입력해야 노트북이 나옵니다)을 입력해서 이미지를 생성했더니 아래 왼쪽 그림처럼 스큐어모피즘 스타일이 아닌 일러스트 느낌이 납니다. 이런 경우가 발생하면 프롬프트 내용 중에 이미지 생성에 영향을 준 키워드가 무엇인지 찾아봅니다. 아무래도 'cute'가 의심스러워 'cute'를 삭제한 후 이미지를 다시 생성해 봤습니다.

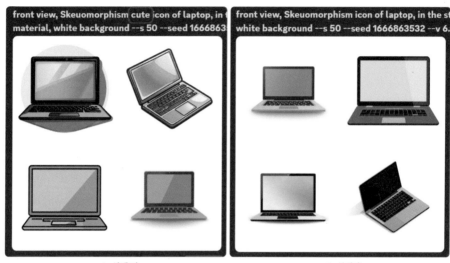

cute 삭제 전

cute 삭제 후

'cute'를 삭제했더니 위 오른쪽 이미지처럼 스큐어모피즘이 잘 표현됐습니다. 이처럼 원하는 이미지가 생성되지 않았을 때는 프롬프트 내용 중에 내가 원하는 표현과 상충되는 내용이 없는지 확인하기 바랍니다. 아래 이미지는 이렇게 해서 얻은 아이콘 이미지를 모은 것입니다.

아이소메트릭(isometric) 아이콘

아이소메트릭 디자인은 120도 각도의 격자를 사용하여 3D로 오브젝트 또는 공간을 표현합니다. 인테리어 구조를 확인하기 위해 자주 표현하는 기법으로, 실내 구조, 가구 배치, 벽면 및 바닥 디자인 등을 시각화하여 공간의 규모와 비례를 직관적으로 파악할 수 있습니다. 이러한 표현 기법은 아래 그림처럼 인테리어뿐만 아니라, 오브젝트를 표현할 때도 활용할 수 있습니다.

아이소메트릭 아이콘을 만들기 위해서는 몇 가지 새로운 프롬프트 키워드가 필요합니다. 2D 시각 디자이너라면 다소 생소한 프로그램일 수 있는데, 지브러시(Zbrush)라는 키워드는 3D를 표현하는 데 있어서 중요합니다.

지브러시는 주로 3D 아티스트들이 사용하는 텍스처링 프로그램입니다. 지브러시의 가장 큰 특징은 마치 실제 점토를 다루는 것처럼 질감과 생김새를 조각할 수 있다는 것입니다. 사용자는 다양한 브러시와 도구를 사용하여 모델의 질감 또는 형태를 자유롭게 수정할 수 있습니다. 3D 모델링 프로그램에서 모델링한 데이터를 가져와 질감을 더욱 디테일하게 표현하기도 합니다.

출처 https://www.maxon.net/ko/zbrush

01. **기본 프롬프트 입력하기**   이제 본격적으로 만들어 보겠습니다. 아이소메트릭 아이콘에서는 'icon'이라는 키워드를 제거합니다. 사실 전통적인 아이콘의 형태가 아니고 아이소메트릭 형태의 심플한 오브젝트이므로 'icon'이라는 키워드를 빼고 어떠한 오브젝트인지 프롬프트 앞부분에 설명해 주면 됩니다. 핵심 프롬프트는 다음과 같습니다. 또한, 아무래도 3D 오브젝트이기 때문에 자연스러운 질감과 그림자를 표현하기 위해 대표적인 3D 렌더러인 브이레이(V-ray)를 프롬프트에 넣는 경우도 있습니다. 브이레이는 3DS Max와 같은 프로그램으로 모델링된 것을 사실적으로 표현해 주는 렌더러입니다.

핵심 프롬프트 키워드

**a little cute (오브젝트 명) / zbrush / minimalist shape /
isometric / Rendered with V-Ray**

a little TV, in the style of zbrush, isometric --v 5.2 --style raw

작은 TV, 지브러시와 아이소메트릭이라는 키워드만 넣고 이미지를 생성해 보았습니다.

정확히 원하는 형태는 아니지만, 아이소메트릭 형태로 비교적 잘 표현됐고, TV의 디테일함을 여러 가지로 표현해 주었습니다. 우리는 아이콘을 만들 것이므로 'cute'라는 키워드를 추가해 더 귀엽게 만들어 보겠습니다. 그리고 보다 단순하게 표현하기 위해 'minimalist'와 --s 값을 조절할 필요가 있습니다.

02. 단순화하기 조금 더 단순화하기 위해 --s 값을 0으로 입력한 후 이미지를 생성해 보겠습니다. 아래 그림처럼 단순화되기는 했는데, 왠지 오래된 느낌이 듭니다.

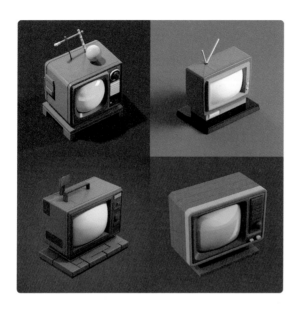

그래서 다시 --s 값을 지우고, 'minimalist shape'이라는 키워드를 추가해 이미지를 생성해 보겠습니다. 아래 그림처럼 모양은 단순해졌지만, 분위기는 나빠지지 않았습니다.

a little TV, in the style of zbrush, minimalist shape, isometric --v 5.2 --style raw

03. 귀엽게 만들기 그러나 아직까지 TV의 모양 자체가 귀엽진 않습니다. 그래서 앞부분의 프롬프트를 'a little cute TV'로 수정해 다시 생성해 보겠습니다. 아래 이미지처럼 TV가 조금 더 귀엽게 표현됐습니다.

a little cute TV, in the style of zbrush, minimalist shape, isometric --v 5.2 --style raw

04. 컬러 지정하기 이제 컬러를 지정하겠습니다. 앞서 생성된 이미지를 보니 파스텔톤 컬러로 지정하면 좋을 것 같습니다. 프롬프트 중간 즈음에 'pastel colors'라는 키워드를 추가합니다.

a little cute TV, in the style of zbrush, minimalist shape, pastel colors, isometric --v 5.2 --style raw

위 이미지처럼 미세한 차이이긴 하지만, 파스텔톤 컬러가 더욱 강해졌습니다. 그런데 각진 오브젝트 모양이 조금 아쉽게 느껴집니다. 그리고 'minimalist'를 추가했음에도 약간 디테일하게 표현된 것 같습니다. 모양을 더 둥글둥글하게 만들고, 디테일함을 더 낮추기 위해 --s 값을 50 정도로 낮춰보겠습니다(계속 진행하는 과정에서 여러 가지 설정 값을 테스트해가며 작업해보기 바랍니다).

05. **각진 부분 둥글게 하기** 각진 부분을 둥글게 하기 위해 'TV' 앞에 'rounded'라는 키워드를 추가하고, --s 값을 50으로 입력하겠습니다.

a little cute rounded camera, in the style of zbrush, pastel colors, minimalist shape, isometric --s 50 --v 5.2 --style raw

첫 번째 이미지가 마음에 들게 표현됐습니다. 어느 정도 더 테스트를 해 보고 마음에 드는 이미지가 생성되면 그 다음부터는 'camera' 대신 다른 오브젝트 명을 넣으면 됩니다.

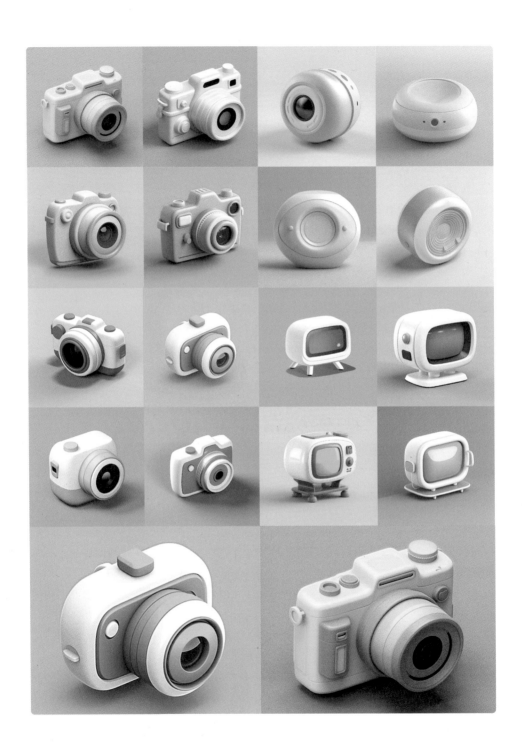

디자인을 위한 미드저니 완벽 활용법

세밀화 그림 그리기

세밀화는 생물학, 식물학, 동물학 등의 분야에서 생물체의 정확한 모습을 기록하거나 전달하는 데 사용합니다. 나무도감, 식물도감 같은 책에서 대체로 세밀화가 활용되기도 하며, 과거 백과사전 같은 책에 자주 사용됐습니다. 이처럼 교육 자료로 학생들의 이해를 돕는 용도로 많이 사용됩니다.

과일 세밀화 그리기

과일 세밀화를 그리는 것은 비교적 간단합니다. 프롬프트 길이도 길지 않아 핵심 프롬프트인 '수채화(watercolor illustration)'를 넣으면 바로 세밀화 느낌을 표현해 줍니다. 세밀한 정도를 조정하고 싶다면 --s 값을 조정하면 됩니다. 또한 과일의 개수도 지정할 수 있습니다.

핵심 프롬프트 키워드

(수량) (과일명) **watercolor illustration / splash / --s 0~500**

01. **기본 프롬프트 입력하기** 그럼 지금부터 과일 세밀화를 그려보겠습니다. 수채화 세밀화라고 생각하고 포도 세밀화를 그려보겠습니다.

포도 수채화를 그리기 위한 'grape watercolor illustration'과 흰색 배경으로 하기 위한 'white background'를 프롬프트에 입력하고 이미지를 생성해 봅니다.

grape watercolor illustration, white background --v 5.2 --style raw

위 이미지처럼 포도가 아주 싱싱하게 그려졌습니다. 기본적으로 아주 훌륭한 결과물을 표현해 줍니다. 만약 세밀한 정도가 원하는 바와 다르다면 --s 값을 조정하면 됩니다.

02. **디테일함 표현하기** --s 값을 각각 0, 300, 500으로 입력해서 이미지를 생성해 보겠습니다. 이러한 그림에 있어서 --s 값은 그 영향력이 매우 크다고 할 수 있습니다. --s 값에 따라 이미지의 분위기가 완전히 달라집니다. 아래 이미지를 참고해 보세요.

--s 0   --s 300   --s 500

grape watercolor illustration, white background --s 0~500 --v 5.2 --style raw

--s 값이 낮을수록 수채화의 붓터치가 강하게 느껴지면서 단조롭습니다. 또 한 가지 자세히 봐야 할 부분은 포도알의 개수입니다. --s 값이 높아질수록 포도알도 많아지는 것을 확인할 수 있습니다. 즉, 디테일하게 표현하겠다고 --s 값을 1000 가까이 올리면 포도알이 다소 비정상적으로 많아 보일 수 있습니다. 그래서 포도알의 수를 잘 파악하면서 --s 값을 조정하는 것이 좋습니다.

03. **포도송이 개수 조정하기** 이제 포도송이의 개수를 조정해 보겠습니다. 지금은 포도송이가 한 개밖에 없는 상태인데, 2개가 붙어 있는 게 보다 안정감이 들 것입니다. 포도송이 수는 프롬프트에서 'grape' 앞부분에 원하는 숫자를 입력하면 됩니다. '2 grape watercolor illustration'이 되겠죠.

2 grape watercolor illustration, white background --s 300 --v 5.2 --style raw

포도송이가 두 송이로 늘어났습니다. 하지만 지나치게 많은 숫자를 넣으면 오른쪽 그림과 같이 포도송이가 서로 떨어지므로 현실성 있게 입력하는 게 좋습니다. 아래 이미지는 포도송이 숫자를 6으로 입력한 결과입니다.

04. **버전에 따른 표현의 차이** 미드저니는 버전에 따라 이미지 퀄리티와 표현 스타일에서 약간의 있는데, 미드저니 최신 버전인 V6와 V5.2는 어떤 차이가 있는지 잠깐 살펴보겠습니다.

V5.2   V6

위 이미지를 보면 물방울과 색채 활용에 있어서 V5.2보다 V6가 조금 더 자세히 표현해주고 있습니다. 하지만 저는 V5.2 이미지가 조금 더 자연스러워 보입니다.

05. 다른 과일 그리기 원하는 표현 스타일이 결정됐으면 'grape' 대신 원하는 과일 명을 넣어서 다른 과일 이미지를 생성합니다.

2 apples **watercolor illustration, white background** --s 50 --v 5.2 --style raw

물이 튀기는 신선한 과일 표현하기

이번에는 물이 튀기는 모습을 추가해 역동적이면서 신선한 느낌을 표현해 보겠습니다. 핵심 프롬프트 키워드는 'splash'입니다. splash 는 튀기다, 끼얹다, 물방울 등의 의미가 있습니다. 프롬프트에서 'watercolor' 앞부분에 'splash'를 추가해 이미지를 생성해 봅니다.

상단의 사과와 포도는 --s 값이 50이고, 좌측의 포도 이미지는 --s 값을 300으로 설정한 이미지입니다.

--s 300을 입력한 이미지의 경우 물 튀김 효과가 보다 세밀하게 표현되고 있습니다.

곤충 세밀화 그리기

이번에는 곤충 세밀화를 그려보겠습니다. 과일 세밀화에서 과일명 대신 곤충명을 넣으면
되는데, 어떻게 보여지는지 확인하고, 원하는 방향으로 수정 및 보완해 보겠습니다.

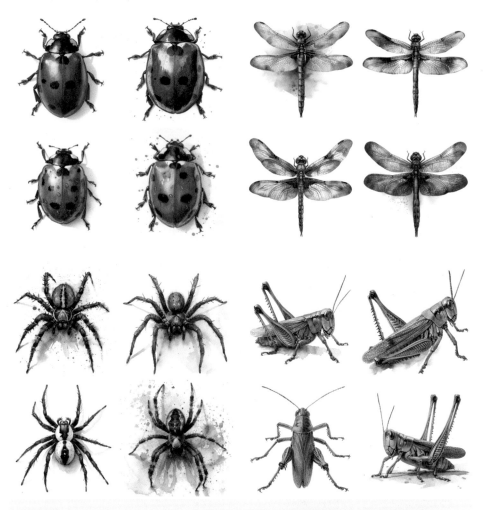

(곤충명) watercolor illustration, white background --s 300 --v 6.0 --style raw

생성된 이미지를 보니 과일과는 다르게 메뚜기만 빼고 모두 곤충 박물관에서 볼법한 탑뷰
(top view)로 되어 있습니다. 메뚜기처럼 옆모습을 보고 싶다면 어떻게 해야 할까요?

네, 'side view'라는 키워드를 프롬프트에 추가주면 됩니다. 그런데 화면 뷰에 대해서는 미드저니가 잘 반영해주지 않는 경향이 있습니다. 그래서 'side view'는 프롬프트 맨 앞에 배치할 것입니다. 'side view, spider watercolor~'처럼 입력하면 'side view'가 맨 앞에 있기 때문에 아래 이미지처럼 잘 적용될 것입니다.

side view, Ladybug watercolor illustration, white background
--s 300 --v 6.0 --style raw

만약 자연 속에 있는 곤충을 표현하고 싶다면 'side view'를 지우고 해당 곤충이 어디에 있는지 작성해서 입력하면 됩니다.

Ladybug on a leaf watercolor illustration, white background
--s 300 --v 6.0 --style raw

광고 일러스트레이션 그리기

미드저니로 만든 11번가 프로모션 이미지 (출처 : 11번가)

최근 미드저니를 활용한 광고가 급증하고 있습니다. 가령 노트북을 사용하는 모델을 미드저니로 만든다거나 위 이미지처럼 쇼핑몰 프로모션 광고를 할 때 미드저니로 이미지를 생성하는 것처럼 많은 기업이 미드저니를 활용하고 있습니다. 그리고 그 수는 앞으로 더욱 급증할 것으로 보입니다.

그렇다면 위와 같은 프로모션 광고 이미지는 어떻게 생성할 수 있는지 함께 작업해 보겠습니다.

레퍼런스 이미지 분석하기

만약 특정 레퍼런스를 갖고 있다면 그 레퍼런스의 특징을 분석해야 그 특징을 살릴 수 있습니다. 11번가 광고 이미지의 특징을 살펴보면 가장 눈에 띄는 것은 장난감 같은 표현이 느껴진다는 것입니다. 실사와 장난감의 중간 정도 되는 그래픽으로 표현됐습니다. 이것은 광고 이미지의 분위기를 결정짓는 매우 중요한 부분입니다. 또한 이미지에서 보이는 오브젝트들은 열기구 4개, 자동차 2대, 사람 5명, 파라솔 3개, 나무 6개 정도가 있습니다. 이런 부분을 잘 분석해서 이미지를 만들 때 적절히 활용해야 할 것입니다. 물론 이와 똑같은 콘셉트로 하라는 것은 아니고, 이러한 분석을 통해 나만의 콘셉트를 만들어 가는 데 도움이 될 수 있다는 것입니다.

핵심 프롬프트 키워드

**beach scene with (사물) / ad poster / colorfull animation stills
incredible beauty / advertisement inspired / figurine**

프로모션 광고 이미지 만들기

01. **기본 프롬프트 입력하기** 간단한 프롬프트를 입력해가면서 계속 보완하면 멋진 이미지가 만들어질 것입니다. 한 번에 끝내기보다는 프롬프트 내용에 따른 변화를 보면서 학습하는 것이 좋습니다.

    우선 비행기, 보트, 사람들, 열기구를 이미지에 포함해야 하므로 'a korea beach scene with an airplane, boat, people and hot air balloons'를 기본적으로 넣어줍니다. 여기에 한 가지만 더 'ad poster'를 입력해 봅니다. 'ad poster'라는 키워드가 분위기를 조금 다르게 표현할 수 있기 때문입니다.

a korea beach scene with an airplane, boat, people and hot air balloons, ad poster --v 6.0 --style raw

02. 컬러풀한 애니메이션 느낌 연출하기 기본적인 광고 이미지가 만들어졌는데, 다소 빛바랜 사진처럼 나왔습니다. 'colorful animation stills'라는 키워드를 추가해 색채가 살아있는 애니메이션 느낌을 연출해 보겠습니다. 그랬더니 색감이 한층 나아졌습니다.

a korea beach scene with an airplane, boat, people and hot air balloons, ad poster, colorful animation stills --v 6.0 --style raw

03. 보다 더 아름다운 느낌 연출하기 그런데 위 이미지를 보면 동양적인 느낌이 나는 건축물들이 보입니다. 아무래도 'korea'라는 단어가 들어가 있어서 그런 것 같습니다. 프롬프트에서 'korea' 부분을 삭제합니다.

그리고 조금 더 아름다운 풍경으로 만들어볼까요? 믿을 수 없을 정도로 아름답다는 뜻으로 'incredible beauty'를 프롬프트에 추가한 다음 이미지를 생성해 보겠습니다.

다음 그림을 보면 조금 더 아름다워진 느낌이 드나요? 차이가 미세하긴 하지만, 색감이 조금 더 무게감 있게 표현됐고, 먼 풍경 이미지도 조금 더 아름다워진 느낌입니다. 동양의 건축물 같은 것은 이제 보이지 않습니다.

a ~~korea~~ beach scene with an airplane, boat, people and hot air balloons,
ad poster, colorful animation stills, incredible beauty --v 6.0 --style raw

04. **단순화하기** 그런데 다소 복잡한 느낌이 듭니다. 열기구도 너무 많고, 비행기도 많은 느낌입니다. 우선 그림을 좀 더 단순하게 표현하기 위해 'minimalist'를 추가하겠습니다. 'minimalist'는 이미지를 단순화하는 데 도움을 줍니다.

a beach scene with an airplane, boat, people and hot air balloons, ad poster,
colorful animation stills, incredible beauty, minimalist --v 6.0 --style raw

'minimalist'를 추가하니 확실히 복잡한 느낌이 사라졌습니다. 그럼에도 불구하고 열기구가 조금 많아 보입니다.

05. 오브젝트 수량 정하기 열기구, 배, 사람 등의 숫자를 직접 지정해서 원하는 수량 만큼만 나오게 해 보겠습니다. 미드저니는 완벽하지 않지만 대체로 숫자에 대해 반응합니다. 오브젝트 앞에 이미지로 표현할 수를 쓰고, 한 칸 띄어주면 됩니다. 아래 이미지를 보면 보트, 열기구, 사람 등의 수가 줄어든 것을 확인할 수 있습니다.

a beach scene with an airplane, 2 boat, 5 people and 3 hot air balloons, ad poster, colorful animation stills, incredible beauty, minimalist --v 6.0 --style raw

06. 장난감처럼 표현하기 끝으로 오브젝트를 장난감처럼 표현해 보겠습니다. 키워드는 앞서 활용했던 'figurine'입니다. 프롬프트에 'figurine'을 추가해 이미지를 생성해 보겠습니다.

a beach scene with an airplane, 2 boat, 5 people and 3 hot air balloons, in the style of figurine, ad poster, colorful animation stills, incredible beauty, minimalist --v 6.0 --style raw

약간 장난감 같은 모습으로 표현됐습니다. 저는 두 번째, 세 번째 이미지가 마음에 듭니다.

하지만 네 번째 이미지도 나쁘진 않은데, 네 번째 이미지처럼 장난감 느낌을 더욱 강하게 표현하려면 'toy'라는 키워드를 'figurine' 앞에 추가하면 됩니다.

a beach scene with an airplane, 2 boat, 5 people and 3 hot air balloons, in the style of toy figurine, ad poster, colorful animation stills, incredible beauty, minimalist --v 6.0 --style raw

몇 번의 테스트를 거쳐서 위 이미지를 광고용으로 사용하기로 정했습니다. 본 이미지는 열기구로 인해 텍스트 입력 공간이 부족한 상태입니다. 포토샵에서 기구 하나를 삭제하고 그 부분에 텍스트를 넣어 광고 이미지를 마무리하겠습니다.

포토샵에서 왼쪽에서 두 번째 열기구를 지우고 그 위에 텍스트를 넣어 광고 이미지를 만들었습니다.

역동적인 자동차 광고 일러스트레이션

이번에는 보다 역동적인 광고 일러스트레이션을 만들어 보겠습니다. 속도감이 느껴지면서 인위적이고 강렬한 붓터치가 살아 있는 자동차 광고 일러스트레이션을 연출해 보겠습니다 (버전에 따라 결과물 표현 방식이 약간 다릅니다). 이러한 이미지는 자동차 외에 영화 포스터, 게임 관련 그래픽에 활용할 수 있습니다.

01. **기본 프롬프트 입력하기** 지프 루비콘 자동차로 광고 일러스트레이션을 만들어 보겠습니다. 프롬프트 가장 앞에 들어갈 문장으로 '엔진에서 연기가 나오는 지프 루비콘'이라는 프롬프트를 입력해 이미지를 생성해 보겠습니다.

Jeep rubicon with smoke coming out of engine --ar 3:2 --v 6.0 --style raw

멋진 실사 느낌의 지프 루비콘 이미지가 생성됐습니다. 특히 연기가 매우 역동적인 느낌을 주고 있습니다. 이 이미지를 조금씩 보완하면서 앞의 람보르기니처럼 만들어 보겠습니다. 'speed oil painting'을 입력하면 유화 느낌을 연출해 줄 것입니다.

Jeep rubicon with smoke coming out of engine, speed oil painting style --ar 3:2 --v 6.0 --style raw

이전 이미지에 비해 사진 느낌은 줄어들고, 약간 거친듯한 표현으로 생성됐습니다. 하지만 오일페인팅 느낌은 아직 강하게 나지 않고 있습니다. 색감, 풍경 등에 대해 더 입력하면 드라마틱한 변화를 가져올 것입니다.

핵심 프롬프트 키워드

speed oil painting / dynamic cityscape / --v 5.2

02. **역동적인 느낌 연출하기** 먼저 현재 이미지가 어떤 풍경인지 정의하겠습니다. 지금보다 역동적인 도시 풍경의 느낌을 넣기 위해 'dynamic cityscape'라는 키워드를 뒷부분에 추가해 이미지를 생성해 보겠습니다.

다음 그림을 보면 분위기가 완전히 바뀌었습니다. 보다 역동적이고 러프한 느낌이 납니다. 오일페인팅의 느낌도 조금 더 강해졌습니다. 이제 색감을 넣고, 스타일라이즈(--s) 값을 조정해 보면서 분위기를 찾아가겠습니다.

Jeep rubicon with smoke coming out of engine, speed oil painting style,
dynamic cityscape --ar 3:2 --v 6.0 --style raw

03. **컬러 적용하기** 컬러는 두 가지 컬러를 정하는 게 좋습니다. 컬러가 너무 많으면 개성이 부족해 보입니다. 밝은 오랜지 색(bright orange)과 어두운 사이언(dark cyan) 색을 추가해 보겠습니다. 이 두개의 색은 어두운 밤에 밝은 빛을 비추는 듯한 느낌을 주는 컬러 조합입니다.

Jeep rubicon with smoke coming out of engine, speed oil painting style,
bright orange and dark cyan, dynamic cityscape --ar 3:2 --v 6.0 --style raw

04. 버전 5.2로 바꿔서 이미지 비교하기

컬러를 넣었더니 분위기가 완전히 달라
졌습니다. 이러한 붓터치 표현은 앞서 세
밀화를 그릴 때 봤듯이 버전별로 약간의
특징과 차이가 있습니다. 붓터치 느낌은
최신 버전보다 V5.2 버전이 조금 더 나
아 보입니다. 그래서 동일한 프롬프트로
V5.2 버전으로 낮춰서 이미지를 생성해
보겠습니다.

새로고침을 눌러 --v 6를 --v 5.2로 바
꿉니다. 이때 띄어쓰기에 주의하세요.

버전만 바꿨을 뿐인데 분위기가 완전히 달라졌습니다. V5.2 버전이 오일페인팅 느낌을 훨씬 잘 살려
줬습니다.

V6   V5.2

왼쪽이 V6, 오른쪽이 V5.2 버전입니다. V6는 보다 사실적이고 구체적으로 표현했고, V5.2는 오일페인팅 느낌을 강하게 표현했습니다. 저는 V5.2 버전이 더 강렬한 느낌이라 좋은데, 사실 이렇게 비교해보니 V6가 더 디테일하게 잘 표현한 것으로 보이기도 합니다.

05. **스타일라이즈(--s) 값으로 디테일함 표현하기** V5.2 버전으로 V6 버전처럼 디테일하게 표현하기 위해 --s 값을 높여서 테스트해 보겠습니다. --s 값을 500부터 1000까지 과감하게 높여보겠습니다.

--s 500 --v 5.2

--s 1000 --v 5.2

Jeep rubicon with smoke coming out of engine, speed oil painting style, bright orange and dark cyan, dynamic cityscape --s 500 --ar 3:2 --v 5.2 --style raw

조금 더 디테일하게 표현됐습니다. --s 값을 1000으로 입력한 것도 지나치게 디테일하지 않고 오일페인팅의 느낌과 자동차의 형상을 매우 잘 표현했습니다. 이처럼 그림을 잘 표현할 때는 V6 버전보다 V5.2 버전이 더 나을 수 있다는 점을 기억해 주세요. 다른 차로 바꾸고 싶을 때는 프롬프트에 입력한 차량명만 바꾸면 됩니다.

파도가 보이는 편의점

08
표지,
포스터
디자인

임장한 장편소설

책 표지 디자인을 위한 일러스트레이션 그리기

책 표지 디자인 트렌드

책 표지의 디자인 트렌드는 베스트셀러에 의해 움직입니다. 어떤 책이 베스트셀러가 되면 그 책의 표지와 유사한 콘셉트로 디자인해서 마치 시리즈 같은 느낌을 연출하기도 합니다. 책에서 베스트셀러와 비슷한 느낌을 받기 때문에 책에 대한 긍정적 이미지가 생길 수도 있습니다. 그래서 간혹 표절 시비가 일어나기도 합니다.

최근 소설 책에서 자주 보이는 디자인 트렌드는 예쁘고 아기자기한 일러스트레이션 느낌이 나는 경우가 많습니다. 아래 도서들은 서점에서 흔히 볼 수 있는 책 표지 디자인입니다.

로터스 택시에는
특별한 손님이 탑니다
가토 켄 / 필름

어서 오세요,
휴남동 서점입니다
황보름 / 클레이아우스

불편한 편의점
김호연 / 나무옆의자

세상의 마지막 기차역
무라세 다케시 / 모모

위의 책 표지에서 보다시피, 책 전체를 일러스트레이션이 차지하고 있고, 수채화, 벡터 이미지 느낌으로 표현하고 있습니다. 그 위에 책 제목과 저자명이 있습니다. 즉, 책 표지 디자인에 있어서 배경 이미지로 삽입할 이미지가 전체적인 분위기를 좌우할 수밖에 없습니다.

트렌디한 책 표지 디자인하기

책 표지를 디자인하기 위해서는 책 내용에서 자주 나오는 배경이나 스토리 등에 대한 정보가 필요합니다. 앞서 본 책 표지들은 각각 택시, 서점, 편의점, 기차역 등 스토리의 핵심 공간이 있습니다. 이러한 공간이 책 제목으로 만들어졌기 때문에 책 표지에서도 이러한 공간을 흥미롭게 표현하는 게 중요하겠죠.

그렇다면 우리도 편의점과 관련된 소설책 표지를 한 번 디자인해 볼까요?

핵심 프롬프트 키워드

Japanese anime style / front view / sunny weather

01. **기본 프롬프트 입력하기** 맑은 날씨의 2층짜리 편의점 건물을 일본 애니메이션 스타일로 그려보겠습니다. 'two-story convenience store'와 'japanes anime style'을 프롬프트에 입력하고, 화창한 날씨를 표현하기 위해 'sunny weather'도 추가하겠습니다.

또한, 책 표지에 사용하기 위해 세로로 긴 이미지를 생성하도록 --ar 2:3으로 비율을 조정하고, --s 값을 500으로 넣어서 어떻게 나오는지 테스트해 보겠습니다.

two-story convenience store,
japanese anime style, sunny
weather --ar 2:3 --s 500 --v 5.2
--style raw

02. 단순하게 표현하기 2층짜리 편의점 건물이 그려졌는데, --s 500이라는 값이 이미지를 생각보다 복잡하고 디테일하게 표현했습니다. --s 값을 50으로 낮춰서 다시 이미지를 생성해 보겠습니다.

two-story convenience store, japanese anime style, sunny weather
--ar 2:3 --s 50 --v 5.2 --style raw

--s 값을 낮추니 이미지가 조금 단순해지면서 복잡하지 않은 느낌인데, 여기서 조금만 디테일하면 될 것 같습니다. 또한, 편의점 건물 이미지는 대부분 왼쪽을 바라보고 있습니다. 이러한 뷰 상태로 이미지를 사용해도 된다면 문제가 없지만, 최근 책 표지 트렌드처럼 정면의 모습을 연출하고 싶다면 어떻게 해야 할까요? 네, 그렇습니다. 'front view'를 프롬프트에 입력해야 합니다.

03. 정면 뷰로 설정하기 프롬프트에 'front view'를 추가하고, 잘 적용될 수 있도록 맨 앞부분에 넣도록 하겠습니다. 그리고 --s 값을 150으로 늘려서 약간의 디테일함이 표현되게 하겠습니다.

> PROMPT
>
> front view. Two-story convenience store, Japanese anime style, sunny weather --ar 2:3 --s 150 --v 5.2 --style raw
>
> 3887

front view, Two-story convenience store, Japanese anime style, sunny weather --ar 2:3 --s 150 --v 5.2 --style raw

한 개 빼고 정면 샷이 잘 표현됐습니다. 위 이미지 중에서 저는 첫 번째 이미지가 마음에 들어서 첫 번째 이미지를 업스케일하여, 건물 이미지의 크기를 조절해 보겠습니다.

04. **주변부 여백 늘리기** [U1] 버튼을 클릭해 첫 번째 이미지를 업스케일하고, [Zoom Out 1.5x] 버튼을 클릭해 1.5배로 줌아웃 해서 상대적으로 건물 이미지가 작아지고 하늘과 주변 부분이 더 넓어지게 표현합니다.

05. 하늘 영역 확장하기 주변부가 넓어지면서 구름의 모양이 조금씩 다른 네 개의 시안이 생성됐습니다. 그 중에서 첫 번째 구름이 마음에 들어 첫 번째 이미지를 다시 업스케일했습니다. 그리고 이미지의 하늘 부분을 더 늘려서 텍스트 공간을 마련하기 위해 [위쪽 화살표] 아이콘을 클릭해 이미지를 생성합니다.

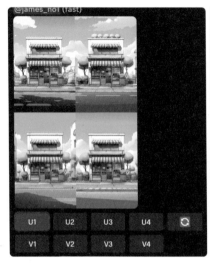

06. 포토샵으로 후반 작업하기 이미지의 윗부분이 늘어나면서 하늘 영역이 넓어졌습니다. 세로로 많이 길어졌지만, 포토샵 AI 기능으로 적절하게 편집해서 마무리 작업을 진행하면 됩니다. 이미지를 보정할 때에는 이미지에 있는 텍스트처럼 표현된 것을 잘 찾아서 포토샵 AI 기능으로 지워줘야 합니다.

미드저니로 만든 이미지를 배경으로 사용하여 책 표지를 만들었습니다.

이미지에 노이즈, 비네팅 효과와 같은 간단한 효과를 적용하고, 제목 텍스트를 넣어 쉽게 책표지를 만들 수 있었습니다.

이처럼 미드저니를 활용하면 책 표지 디자인을 빠르게 진행할 수 있습니다. 하단부에 띠지까지 넣으면 더 완성도가 높아질 것 같습니다(최종 마무리는 인디자인이나 일러스트레이터에서 작업해야 합니다).

다른 앵글로 배경이미지 생성하기

정면 샷은 안정감 있는 구도로 보여주고자 하는
오브젝트를 명확히 보여줍니다. 그러나 다소 재
미 없게 느껴질 수 있는데, 오른쪽의 책 표지처럼
다른 앵글로 촬영한 것처럼 이미지를 생성해 보
겠습니다.

다양한 앵글 샷에 대해 몇 가지 용어를 알고 있으
면 더욱 작업하기가 편합니다.

바다가 들리는 편의점
마치다 소노코 / 모모

하이앵글 High angle

로우앵글 Low angle

더치앵글 Dutch angle

그림 예시에는 없지만 아이레벨(eye level)은 바라보는 사람의 눈높이에 맞춰서 보여주는 이
미지이고, 하이앵글은 높은 곳에서 아래를 바라 보는 모습입니다. 로우앵글은 바닥에서 위
를 향에 촬영하는 구도로 인물이나 건물의 웅장함을 표현할 때 자주 사용합니다. 더치앵글
은 이미지를 살짝 기울여 긴장감이나 불편한 감정을 유발할 때 사용합니다. 하이앵글과 로
우앵글은 비교적 잘 표현해주는 반면, 더치앵글은 미드저니가 잘 표현해주지 않습니다. 이
런 경우 미드저니로 만들기보다는 포토샵에서 이미지를 살짝 기울이는 것도 방법입니다.

high angle / low angle / dutch angle / side view / front view

하이앵글 High angle   로우앵글 Low angle   더치앵글 Dutch angle

위 이미지는 프롬프트 가장 앞부분에 각각의 앵글을 입력한 후 이미지를 생성한 것입니다. 위 이미지를 보면 하이앵글과 로우앵글은 비교적 잘 표현됐지만, 더치앵글은 눈에 띄는 특징이 보이지 않습니다. 앞서 언급한 바와 같이 다른 프로그램을 이용해서 이미지를 살짝 돌려주는 게 더 편할 것입니다.

01. **하이앵글 표현하기** 기존에 하던 작업에 이어서 프롬프트 앞부분에 'high angle'을 입력해 이미지를 생성해 보겠습니다. 'high angle'이 잘 반영되지 않았지만, 다행히 첫 번째 이미지에는 반영됐습니다. 첫 번째 이미지를 업스케일합니다.

high angle, Two-story convenience store, Japanese anime style, sunny weather --ar 2:3 --s 150 --v 5.2 --style raw

02. 이미지 응용 시안 업스케일 이미지를 기준으로 조금 다양하게 표현하기 위해 [Vary (Strong)] 버튼을 클릭합니다.

03. 주변부 여백 늘리기 네 개의 시안이 제시되면 다시 마음에 드는 사진을 골라 업스케일합니다. 그다음 주변부의 여백이 부족하므로 [Zoom Out 2x] 버튼을 클릭해 주변부가 더 보이게 합니다.

미드저니로 만든 이미지를 포토샵으로 연 다음 이미지를 크롭해서 사용합니다. 이렇게 건물 주변부가 많이 나오면 이미지를 자르거나 편집할 때 조금 더 자유롭게 할 수 있습니다.

제목 등 텍스트를 넣을 때에는 포토샵이 아닌, 인디자인이나 일러스트레이터를 사용해야 합니다.

책 표지 응용 디자인

이번에는 옆의 이미지와 같이, 보다 일러스트 느낌의 아이소메트릭 뷰로 새롭게 책 표지를 만들어 보겠습니다. 《달러구트의 꿈 백화점》이라는 책이 이와 유사한 콘셉트로 디자인 되었습니다. 학습한 것을 다양하게 응용하면서 자신만의 표현 기법을 만들어 가기 바랍니다.

핵심 프롬프트 키워드

illustration / simple / isometric / minimalist / gradient color

01. **기본 프롬프트 입력하기** 창문과 사람들이 있는 호텔 일러스트레이션이고, 심플하면서 미니멀리스트한 건물을 만들려고 합니다. 색상은 그레이디언트 컬러가 들어가는데, 노란색과 보라색으로 이뤄져 있습니다. 따라서 아래와 같이 프롬프트를 입력합니다.

Hotel illustration with window and people visible, simple, minimalist, gradient color, yellow, purple --v 5.2 --style raw

02. 보다 귀엽게 표현하기 호텔 건물 전체가 보였으면 하는데, 부분만 보이기도 하고 다소 딱딱한 느낌입니다. 'cute'라는 키워드를 프롬프트에 추가해 보겠습니다.

a cute Hotel illustration with window and people visible, simple, minimalist, gradient color, yellow, purple --v 5.2 --style raw

03. 디테일함 표현하기 위 이미지를 보니 이제 건물 전체가 보이고, 호텔도 귀여워졌습니다. 그런데 제가 원하는 호텔은 이보다는 조금 더 디테일했으면 합니다. --s 값을 700으로 높여서 이미지를 생성해 보겠습니다.

두 번째 이미지가 제가 원하던 이미지입니다. 두 번째 이미지를 업스케일해서 수정해 보겠습니다.

04. 하늘 영역 확장하기 [위쪽 화살표] 아이콘을 눌러서 하늘 부분의 영역을 확대합니다. 그럼 책 제목이
들어갈 정도의 공간이 완성됩니다. 네 개의 이미지 중 하나를 골라서 표지 편집을 진행하면 됩니다.

아이소메트릭 스타일의 책 표지 디자인

위와 같은 이미지로 마무리 할 수도 있지만, ≪달러구트의 꿈 백화점≫과 같이 아이소메트
릭 일러스트 스타일로 디자인 해보겠습니다.

01. **아이소메트릭 표현하기**   지금까지 만든 이미지의 프롬프트 가장 앞부분에 'isometric'을 입력하고, 조금 더 디테일하게 표현하기 위해 --s 300을 입력해서 이미지를 생성해 보겠습니다.

isometric, a cute Hotel exterior illustration with window and people visible, simple, minimalist, gradient color, yellow, purple --s 300 --v 5.2 --style raw

위 이미지는 V5.2로 생성했는데, V6로 하면 조금 더 단순하게 표현됩니다. 버전마다 약간의 차이가 있으니 버전별로 함께 테스트해 보는 것도 좋습니다.

02. **배경에 오브젝트 추가하기**   배경 부분도 다양한 오브젝트가 있으면 좋을 것 같습니다. 프롬프트 내용에 'Background with various objects'를 입력하고, 이미지의 비율도 2:3으로 입력해서 다시 이미지를 생성합니다.

isometric, a cute Hotel exterior illustration with window and people visible, simple, minimalist, gradient color, yellow, purple, Background with various objects --ar 2:3 --s 300 --v 5.2 --style raw

03. 주변 여백 늘리기 이제 이미지 하나를 골라 업스케일해서 수정 및 보완한 다음 마무리 하겠습니다. 저는 첫 번째 이미지가 달도 있고, 건물 배경도 있어서 마음에 듭니다. 첫 번째 이미지를 업스케일한 다음 [Zoom Out 1.5x] 버튼을 클릭해 주변부를 더 생성합니다.

미드저니에서 만든 이미지를 아무런 보정없이 간단하게 텍스트만 넣어서 표지를 완성했습니다. 여러분들도 책 표지 디자인을 멋지게 해보기를 바랍니다.

포스터 디자인을 위한 그래픽 이미지 제작

포스터 디자인 요소의 중요성

포스터의 주된 목적은 특정 메시지를 전달하는 것입니다. 행사나 이벤트 등의 메시지를 간결하고 정확하게, 그리고 쉽게 이해할 수 있도록 디자인해야 합니다. 강조하고 강조해도 지나치지 않을 정도로 가장 중요한 부분입니다. 그런 면에서 텍스트의 가독성과 내용은 매우 중요합니다. 그래서 텍스트만 잘 정리해도 디자인의 50%는 이미 완성됐다고 해도 과언이 아닙니다.

그러나 포스터의 전체적인 디자인 분위기가 그 행사 또는 이벤트를 심리적으로 대변할 수도 있기 때문에 가독성 외에 그래픽적 요소도 중요하다고 할 수 있습니다. 그래픽적 요소는 추상적일 수도 있고, 직설적일 수도 있습니다. 추상적인 그래픽은 시선을 집중시켜서 전달하고자 하는 내용을 스스로 읽게 도와줍니다.

이번에 학습할 내용은 포스터에 들어갈 텍스트보다는 아래와 같이 그래픽적 요소에 초점을 맞췄습니다. 어떻게 하면 포스터에 들어갈 그래픽적 요소를 쉽고 빠르게 만들 수 있을지 함께 만들어 보겠습니다.

복잡한 그래픽 배경은 어떻게 만들까

포스터에 삽입할 그래픽이 비교적 명확하고, 설명 가능한 그래픽이라면 직접 프롬프트를 만들어서 입력하면 됩니다. 그러나 그래픽 형태가 복잡하고, 설명하기에는 애매한 경우가 있습니다. 이런 경우는 어떻게 해야 할까요?

이런 경우에는 작업자가 원하는 스타일과 유사한 참고 이미지를 충분히 찾아보고 선정하도록 합니다. 그렇게 선정된 이미지를 기반으로 '/describe' 기능을 이용해 프롬프트를 분석해서 해당 프롬프트로 이미지를 생성하면 유사한 그래픽 형태를 연출할 수 있습니다. '/describe'는 첨부한 이미지를 분석해서 미드저니가 직접 프롬프트를 만들어 주는 기능입니다.

01. **참고 이미지를 /describe에 삽입하기** 먼저, 원하는 스타일의 참고 이미지를 찾아 둡니다. 이미지를 내려 받을 필요 없이 웹페이지만 찾아놔도 됩니다. 그리고 미드저니로 가서 프롬프트 입력창에 '/describe'를 입력하고 엔터 키를 누릅니다.

그러면 이미지를 첨부할 수 있는 공간이 나타나는데, 웹 페이지에서 이미지를 드래그해서 추가해도 되고, 파일로 저장되어 있는 경우에는 파일을 찾아 첨부하면 됩니다.

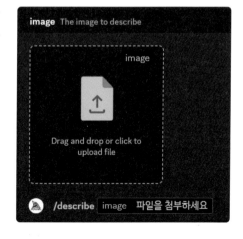

02. 제시된 프롬프트 모두 이미지로 생성하기 샘플 이미지 파일을 드래그하거나 첨부하고 엔터 키를 누르면 미드저니가 생각 중이라는 문구가 나오고, 잠시 후 다음과 같이 4개의 프롬프트를 제안합니다.

오른쪽 그림을 보면 숫자가 1번부터 4번까지 있고, [Imagine all] 버튼이 보입니다. 1번 프롬프트 내용을 이미지로 만들고 싶으면 [1] 버튼을 클릭하고, 프롬프트 4개 모두 이미지로 만들고 싶으면 [Imagine all] 버튼을 클릭합니다.

[Imagine all] 버튼을 클릭해 미드저니가 제시한 프롬프트를 모두 이미지로 만들어 보겠습니다. 거의 비슷한 이미지가 나올 수도 있지만, 아래 그림처럼 포스터 안에 들어가 있는 오브젝트와 컬러만 비슷하고 전체적인 분위기는 다르게 보일 수도 있습니다. 미드저니가 제시한 프롬프트이지만, 사용자가 직접 원하는 방향으로 프롬프트를 수정하는 과정을 거치는 것이 좋습니다. 그러려면 먼저 가장 마음에 드는 이미지 한 장을 골라야 합니다. 이 책에서는 2번 프롬프트로 만든 이미지를 수정해 보겠습니다.

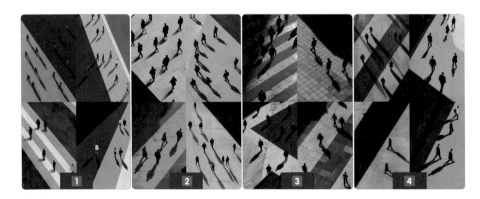

03. 시안 응용하기 생성된 이미지들 중에서 첫 번째 이미지를 골랐습니다. [U1] 버튼을 클릭해 업스케일한 다음, 변화를 많이 주기 위해 [Vary (Strong)] 버튼을 클릭합니다.

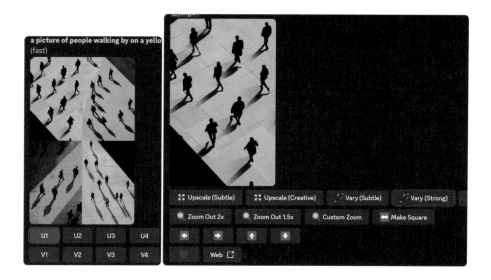

04. 프롬프트 내용 수정하기 미드저니가 제시하는 프롬프트는 대체로 긴 편입니다. 그래서 수정할 때에도 유심히 봐야 합니다.

여러분이 작업하는 프롬프트는 제 프롬프트 내용과 다를 것입니다. 다음 내용은 제 프롬프트를 기준으로 한 것이니 참고하기 바랍니다.

모르는 단어는 번역기를 활용해 살펴보면서 서로 상충되는 키워드가 없는지 확인합니다. 이 책에서는 색을 조금 강하게 주고 싶어 'light blue'를 입력했는데, 잘 반영되지 않아서 확인해 보니 'dark azure'라는 키워드가 있었습니다. 아래처럼 프롬프트를 수정해서 몇 번의 테스트 과정을 거친 뒤, 마음에 드는 이미지를 선택합니다.

a picture of people walking by on a yellow **colored square, in the style of** dark azure and azure, **geometric simplicity, dramatic diagonals, high-angle, political illustration, dramatic use of shadows, illustration --ar 83:128 --v 6.0 --style raw**

수정 전 프롬프트 내용

a picture of people walking by on yellow and light blue **colored square, in the style of** simple 2d graphic, **geometric simplicity** zigzag background, **dramatic diagonals, high-angle, political illustration, dramatic use of shadows, illustration --ar 83:128 --s 30 --v 6.0 --style raw**

수정 후 프롬프트 내용

프롬프트 수정 후 생성 이미지

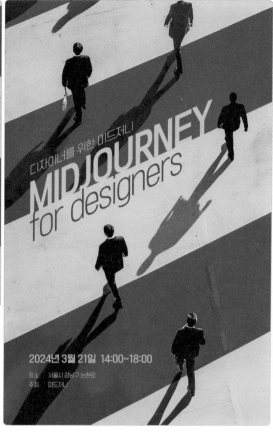

미드저니에서 생성한 이미지 중 하나로 간단하게 포스터를 만들어 봤습니다. 배경 이미지에 맞게 텍스트 레이아웃을 적절하게 배치하면 됩니다. 또한, 미드저니에서 완벽하게 원하는 컬러를 설정하는 것보다 포토샵에서 색보정하는 것이 훨씬 간편하고 정확합니다.

지금까지 포스터 배경 그래픽 이미지를 생성하는 방법을 알아봤습니다. 직접 프롬프트를 입력할 수도 있지만, 원하는 스타일이나 콘셉트의 레퍼런스 이미지를 먼저 찾은 다음 '/ describe' 기능을 이용해 프롬프트를 만들어서 이미지를 생성했습니다.

four russian women with beautiful hair on a poster, in the style of bold graphic
illustrations, hyperspace noir, dark orange and red, dau al set, low-angle,
concert poster, brian sum --v 6.0 --style raw

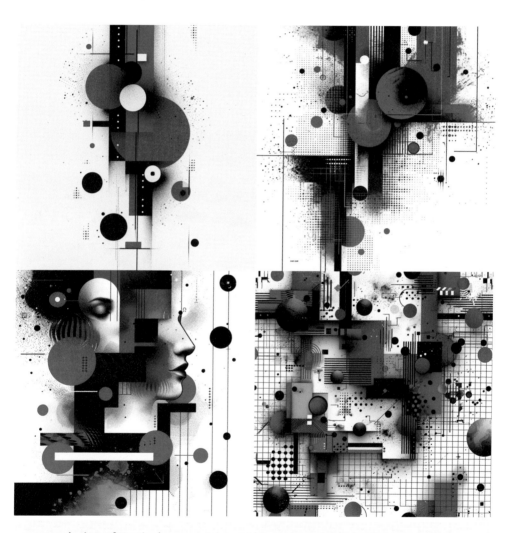

poster design of Festival, geometric graphic style, red, blue, white, complex, flashy --s 700 --v 6.0 --style raw

그래픽 패턴 디자인

패턴을 만드는 2가지 방법

미드저니에서 패턴을 만드는 방법은 두 가지가 있습니다. 프롬프트를 입력해서 만드는 방법과 '--tile'이라는 파라미터를 이용해서 만드는 방법입니다. 프롬프트를 입력하는 방법은 프롬프트 내용에 'pattern'이라는 키워드가 들어가야 하지만, '--tile'을 이용할 경우 넣고자 하는 오브젝트 명만 있으면 됩니다. 두 방법 중 자신에게 맞는 방법을 선택해서 진행하면 됩니다.

아래 이미지는 각각 프롬프트 내용에 'pattern'을 넣은 경우와 '--tile'을 활용한 경우입니다. 디테일한 부분에서 약간의 차이는 있지만, 패턴은 둘 다 잘 표현됐습니다.

Pattern made of black thick lines, car, airplane, house, laptop, black and white --s 50 --v 6.0 --style raw	black thick lines, car, airplane, house, laptop, black and white --s 50 --tile --v 6.0 --style raw
pattern을 입력한 경우	--tile을 입력한 경우

패턴 스타일의 종류 및 특징

패턴은 우리에게 익숙한 여러 종류가 있는데, 다양한 패턴의 종류에 대해 미리 알고 있다면 미드저니를 활용해서 패턴을 만들 때 많은 도움이 될 것입니다. 아래의 패턴은 대표적으로 알려진 패턴의 명칭이니 참고하기 바랍니다.

깅엄(Gingham) 패턴

깅엄 또는 징엄이라고 불리는 이 패턴은 주로 셔츠, 드레스, 테이블보 등에 사용되는 매우 대중적인 체크 패턴입니다. 같은 너비의 수직과 수평 줄무늬가 서로 교차하여 만들어지는 정사각형 격자 무늬가 특징입니다.

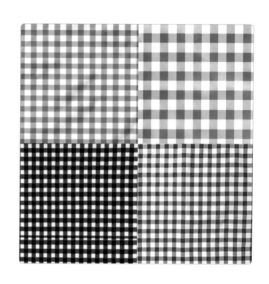

타탄(Tartan) 패턴

주로 스코틀랜드에서 유래한 체크 무늬의 일종으로, 스코틀랜드 가문을 상징하는 데 사용됐습니다. 현대에는 스커트, 스웨터, 액세서리 등 다양한 패션 아이템에 널리 사용되며, 클래식하고 전통적인 느낌을 줍니다. 타탄 패턴은 그 다양성과 상징성으로 인해 전 세계적으로 인기 있는 디자인 요소가 됐습니다.

아가일(Argyle) 패턴

다이아몬드 모양의 격자가 특징적인 디자인으로, 전통적으로 골프웨어, 양말, 스웨터 등에 사용되고 있습니다. 클래식하면서도 세련된 느낌을 주며, 고급스러운 느낌을 줍니다.

컬러스케이프(Colorscape) 패턴

이 패턴은 다양한 색상과 물결치는 형태로 구성되어 자연스러운 풍경이나 추상적인 환경을 연상시킵니다. 그라데이션과 부드러운 선의 흐름을 통해 시각적 깊이와 동적인 느낌을 제공합니다. 컬러스케이프는 현대 미술, 패션, 인테리어 등 다양한 분야에서 사용되며, 공간에 생동감과 예술적 분위기를 더해줍니다.

만달라(Mandala) 패턴

만달라 패턴은 원형의 복잡하고 대칭적인 기하학적 디자인으로, 우주의 조화와 균형을 상징하며, 명상과 영적 성찰의 도구로도 사용됩니다. 만달라 아트는 스트레스 해소와 내면의 평화를 찾는 데 도움을 주며, 현대 미술과 패션, 인테리어 디자인에서도 활용되고 있습니다.

페이즐리(Paisley) 패턴

주로 중앙아시아와 인도에서 유래한, 물 방울 모양을 변형한 듯한 곡선 형태의 복 잡한 디자인입니다. 이 패턴은 내부에 다 양한 세부 무늬를 포함하며, 18세기와 19세기에 영국과 다른 서양 국가에서 인 기를 얻었습니다. 페이즐리는 넥타이, 스 카프, 드레스 등 다양한 패션 아이템에 적용됐습니다.

맥시칸(Maxican) 패턴

전통적인 멕시코 디자인에서 영감을 받 은 다채롭고 생동감 넘치는 패턴입니다. 이 패턴은 강렬한 색상과 복잡한 기하학 적 형태, 독특한 모양을 사용하여 열정적 이고 활기찬 분위기를 연출합니다. 맥시 칸 패턴은 의류, 액세서리, 인테리어 장 식 등 다양한 분야에서 사용됩니다.

패턴 응용 디자인

앞서 대표적인 몇 가지 패턴을 알아봤습니다. 이미 우리에게 널리 알려진 패턴을 응용해서 새로운 패턴을 만들 수 있을까요? 함께 알아보겠습니다.

핵심 프롬프트 키워드

in the style of (패턴명) / geometric shapes / 오브젝트 명칭 / --tile

01. **기본 프롬프트 입력하기** 간단하게 'black thick lines pattern'을 입력하여, 검은색 라인 패턴을 만들어 보겠습니다. 검은색 선 형태가 만들어졌습니다.

black thick lines pattern --v 6.0
--style raw

02. **아가일 패턴 적용하기** 여기에 바로 아가일 패턴 스타일을 적용해 보겠습니다. 프롬프트에 'in the style of argyle patterns'를 입력해 다시 이미지를 생성해 봅니다.

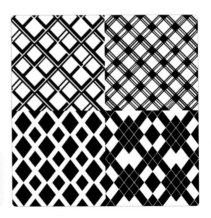

black thick lines patterns, in the style of
argyle patterns --v 6.0 --style raw

03. **오브젝트 추가하기** 아가일 패턴이 적용된 상태에서 프롬프트에 다양한 오브젝트 명을 넣고 이미지를 생성합니다. 그러면 오브젝트의 형태에 약간의 아가일 스타일이 적용됩니다. 들쑥날쑥하지 않고 비교적 정리 정돈이 된 느낌입니다.

아래 그림을 보면 그 차이를 느낄 수 있습니다. 왼쪽 이미지는 오브젝트 명칭만 들어간 이미지이고, 오른쪽 이미지는 아가일 스타일과 오브젝트 명칭이 같이 들어간 이미지입니다.

black thick lines patterns, patterns, car, airplane, house --v 6.0 --style raw

black thick lines patterns, in the style of argyle patterns, car, airplane, house --v 6.0 --style raw

04. **다양한 패턴 스타일 적용하기** 위와 같은 방법으로 다양한 패턴 스타일을 적용하면 생각지도 못한 패턴이 만들어질 수 있습니다. 앞서 언급했던 대표적인 패턴 스타일 명칭을 프롬프트에 넣어서 이미지를 생성해 봅니다. 각각의 패턴 스타일이 적용된 새로운 패턴을 만들 수 있습니다. 다음 그림을 통해 실제 패턴과 생성된 이미지를 비교해 보세요.

페이즐리(Paisley) 패턴

만달라(Mandala) 패턴

깅엄(Gingham) 패턴

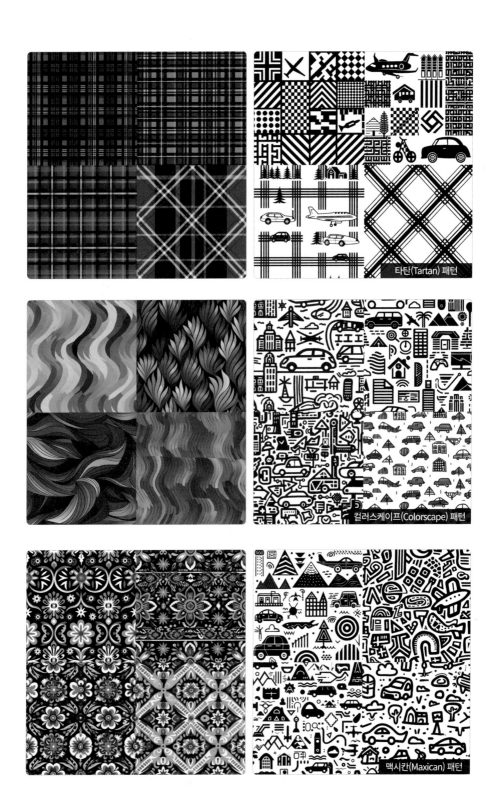

타탄(Tartan) 패턴

컬러스케이프(Colorscape) 패턴

맥시칸(Maxican) 패턴

05. 컬러 설정하기 다양한 패턴 스타일을 적용하고 결과물을 확인했다면, 이제 컬러와 --s 값을 변경하면서 이미지를 테스트해 봅니다. 컬러가 들어가면 느낌이 전혀 다르게 느껴질 수 있고, --s 값을 변경하면 같은 프롬프트 내용이라 하더라도 분위기가 많이 바뀔 수 있기 때문입니다.

black thick lines patterns, in the style of gingham patterns, car, airplane, house, yellow and dark pink --v 6.0 --style raw

black thick lines patterns, in the style of gingham patterns, car, airplane, house --s 1000 --v 6.0 --style raw

충분히 의미 있는 이미지가 많이 생성됐습니다. 이런 패턴이라면 포스터, 패키지 등 다양한 디자인 분야에 활용할 수 있을 정도입니다. 무엇보다 콘셉트가 명확한 느낌이 들기 때문에 이 콘셉트를 일관성 있게 잘 유지한다면 멋진 디자인을 할 수 있을 것입니다. 물론, 이미지 편집, 색 보정 등 디자이너의 마무리 작업은 당연히 필요합니다.

black thick lines patterns, in the style of gingham patterns, car, airplane, house, yellow and blue and pink --s 500 --v 6.0 --style raw

black thick lines patterns, in the style of gingham patterns, car, airplane, house, yellow and blue and pink --s 1000 --v 6.0 --style raw

black thick lines patterns, in the style of gingham patterns, car, airplane, house, yellow and blue and pink --s 500 --v 6.0 --style raw의 4번 이미지를 up scale해서 만든 이미지

09 광고 디자인

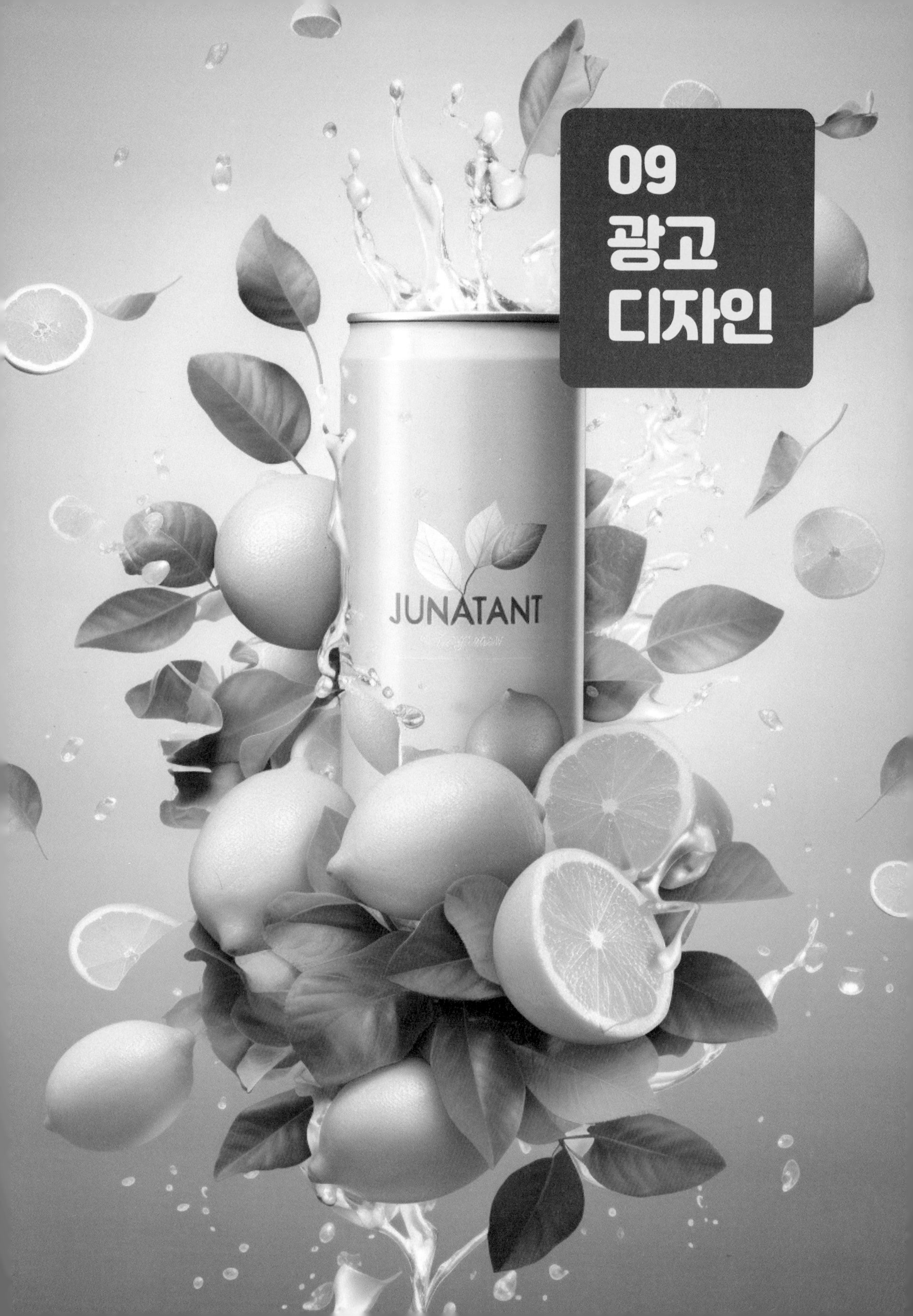

음료 광고 이미지 제작

이제 음료 광고 이미지를 만들어 보겠습니다. 이러한 이미지는 미드저니가 매우 잘 만들어 주며, 우리는 포토샵에서 간단한 합성 작업만 진행하면 됩니다. 단 V6보다 V5.2가 광고 이미지와 유사한 그래픽을 잘 생성하므로 V5.2 버전으로 진행하겠습니다.

음료 광고 배경 이미지 만들기

01. 기본 프롬프트 입력하기 음료 광고도 마찬가지로 구글 번역에 생각나는 문장 또는 단어를 입력해 봅니다. 가장 앞에 나와야 할 문장은 레몬 음료 광고라는 것입니다. 레몬 음료 광고, 역동적인 스타일, 레몬, 잎, 스플래시 레몬 물, 방사형 그라데이션 레몬 색상 배경을 입력해서 번역합니다.

02. 이미지 해상도 높이기 여러 번의 이미지 생성 과정을 거친 후 가장 마음에 드는 이미지 하나를 골라 업스케일합니다. 이미지 선정 기준은 광고하고자 하는 제품의 특징을 잘 살릴 수 있는지입니다. 왼쪽에 있는 캔 이미지를 오른쪽 이미지와 합성해 보겠습니다.

인쇄용으로 사용할 것이기 때문에 이미지의 해상도는 고해상도여야 합니다. 미드저니가 제공하는 기본 해상도는 A4용지 이하의 작은 사이즈로, 인쇄할 때는 상관 없지만, 광고 포스터와 같이 큰 사이즈로 인쇄할 때에는 4배로 키워서 사용해야 합니다.

처음 이미지를 고르기 위해 업스케일을 하면 이미지가 한 장만 보이며, 그 아래에 있는 메뉴를 보면 [Up scale 4x] 버튼이 보입니다. 이 버튼을 클릭합니다. 지금보다 해상도를 4배 더 키우겠다는 의미입니다.

color background --ar 5:7 --v 5.2 --style raw - Image #2

포토샵으로 합성 작업하기

01. **캔 이미지 선택하기** 이렇게 해상도를 4배 높인 이미지를 잘 저장해서 포토샵에서 엽니다. 만약 A1 사이즈처럼 매우 큰 포스터를 만든다면 [Redo Upscale 4x]를 클릭해 한 번 더 업스케일합니다. 그

러면 한참 후에 이미지가 생성
됩니다. 이 과정을 반복적으로
거치면 해상도가 매우 높아지
기 때문에 작업 사이즈에 구애
받지 않을 것입니다.

광고 제품용으로 사용할 캔 이
미지도 함께 포토샵으로 연 다
음 오브젝트 셀렉션 툴로 캔만
선택하고, 미드저니로 만든 배
경 이미지 위에 올려 놓습니다.

배경 이미지의 캔은 실제 제품 캔으로 가릴
것이므로 삭제할 필요가 없습니다.

02. 캔 이미지 일부 삭제하기 캔이 아래의 레몬 뒤에 위치해야 하므로 레몬 부분을 선택해서 캔의 아랫
부분을 지우겠습니다.

캔 이미지 레이어의 [눈 모양]
아이콘을 클릭해 보이지 않게
한 다음 펜툴로 레몬 형태를 따
줍니다.

펜툴로 레몬 형태를 모두 땄으
면 Ctrl + Enter 키를 눌러 선
택 상태로 만든 다음, Delete
키를 눌러 지워줍니다. 이때, 캔
레이어가 선택돼 있어야 합니
다. 캔의 아래부분을 지워줌으
로써 레몬 뒤에 있는 것처럼 보
이게 하는 것입니다.

캔 레이어의 [눈 모양] 아이콘을 다시 켜면
오른쪽 이미지처럼 캔이 레몬 뒤에 있는 것
처럼 보입니다. 아직 어색하지만, 명암 표현
을 자연스럽게 하면 더욱 사실적으로 보일
겁니다.

03. **캔 모양 선택하기** 지금부터 레몬 뒤에
있는 그림자를 표현해 보겠습니다. 그러
기 위해서는 먼저 캔 모양이 선택 상태로
되어 있어야 합니다. Ctrl 키를 누른 상태
에서 캔 레이어의 썸네일 이미지를 클릭
합니다. 그러면 캔 모양대로 선택 상태가
됩니다.

04. 레몬 그림자 표현하기 그림자 레이어를 별도로 만들어 두면 혹시 모를 수정사항에 대비하기 좋습니다. 따라서 새로운 레이어를 만듭니다. 그리고 전경색을 채도가 높은 갈색톤으로 바꾸고, 부드러운 브러시를 활용해 선택 영역 바깥쪽을 걸쳐서 드래그하면 선택 영역 안쪽에 부드러운 그림자가 은은하게 표현됩니다.

배경 이미지가 괜찮긴 하지만 스플래시 워터 같은 표현이 더 있으면 시원한 느낌을 줄 것 같습니다. 스플래시 워터만 따로 만들어서 포토샵으로 가져와 합성해 보겠습니다.

05. **스플래시 워터 이미지 만들기** 미드저니에서 'Splash water, yellow color, white background --v 5.2 --style raw'라는 간단한 프롬프트로 만든 이미지입니다.

이 이미지를 포토샵으로 가져와서 배경을 제거한 다음 사용하면 됩니다.

06. **스플래시 워터 합성하기** 스플래시 워터를 캔 중앙 부분에 두고, Ctrl 키를 누른 상태에서 캔 이미지 레이어의 썸네일 부분을 클릭합니다. 그러면 캔 모양으로 선택 상태가 되고, 현재 레이어는 스플래시 워터 레이어를 선택한 상태이므로 Delete 키를 누르면 스플래시 워터가 캔 모양만큼 지워집니다.

캔 이미지 뒤에 스플래시 워터가 있는 것처럼
표현됐습니다. 지금까지 했던 방법으로 스플
래시 워터나 명암, 색 보정 등을 진행하면서
최종 결과물을 완성합니다.

제품 광고 이미지 제작

제품 광고 이미지를 만들려면 우선 해당 제품이 갖고 있는 형태적 특징이나 컬러, 그래픽 등에 대해 정의를 내릴 수 있어야 합니다. 이러한 특징이 배경 이미지에도 그대로 적용되기 때문입니다. 따라서 어떤 배경을 만들 것인지는 제품이 갖고 있는 특징이 어떠하냐에 따라 결정됩니다.

우리는 아래와 같은 향수에 대한 광고 이미지를 만들 것입니다. 붉은 색 용액과 크롬 같은 투명한 유리 재질이 특징입니다.

향수 광고 이미지 예시

향수 배경 이미지 만들기

미드저니는 다양한 광고 이미지를 만들 수 있습니다. 특히 제품 광고를 위한 배경 이미지 제작에 탁월한 능력을 갖고 있습니다. 프롬프트 내용에 제품 광고 이미지라는 키워드를 넣고, 거기에 들어갈 오브젝트 및 컬러를 지정하면 멋진 이미지를 만들어 줍니다.

01. **기본 프롬프트 입력하기** 이번에는 프롬프트에 처음부터 충분한 내용을 입력해 보겠습니다. 어떻게 입력해야 할지 고민된다면 구글 번역기를 열고 생각나는 문장 또는 단어를 입력해 봅니다. 이 책에서는 '구름 위에 떠 있는 향수 광고 이미지와 장미꽃들, 날리는 꽃잎, 바닥의 반사'와 같은 단어를 입력했습니다.

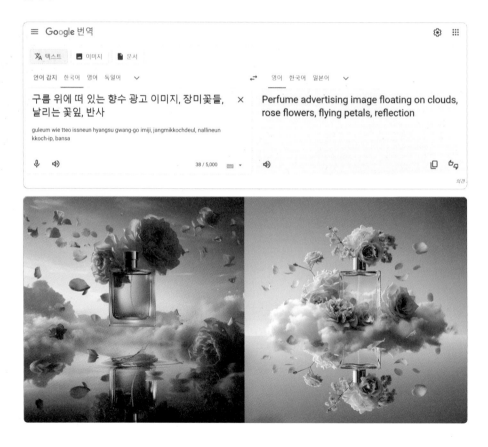

핵심 프롬프트 키워드

(제품명) advertising image / 오브젝트 명칭 / --v 5.2 / --s 100 ~ 500

02. 5.2 버전 사용하기 생각보다 멋진 이미지가 생성됐습니다. 여기서 사용자가 원하는 오브젝트나 색상을 추가하거나 버전을 변경해서 이미지를 테스트해 보기 바랍니다. 원하는 향수 광고용 배경 이미지로 충분히 사용할 수 있겠습니다.

버전의 경우 V6는 조금 더 디테일하게, V5.2는 조금 더 화사하게 표현됩니다. 장단점이 있으니 비교해보기 바랍니다. 저는 V5.2가 마음에 드네요.

V6

V5.2

03. 색상 변경하기 이제 색상을 바꿔보겠습니다. 분위기를 완전히 바꾸기 위해 'dark red'와 'dark blue'를 입력하고, 버전은 V5.2로 하겠습니다.

Perfume advertising image floating on clouds, rose flowers, dark red and dark blue, flying petals, reflection --v 5.2 --style raw --ar 5:7

포토샵 AI를 활용해 합성 작업하기

01. 향수병 삭제하기 세 번째 이미지가 색감과 구도가 마음에 들어 세 번째 이미지를 포토샵에서 열겠습니다. 향수와 향수가 반사된 부분을 선택툴로 선택한 다음 [Generative Fill]을 클릭하고, 'remove'를 입력한 다음 [Generate] 버튼을 클릭합니다. 광고할 향수로 대체하기 위해, 기존 향수병을 지워주는 것입니다.

02. 제품 이미지 합성하기 기존 향수병이 지워지고 배경이 자연스럽게 표현됐습니다. 이제 실제로 광고할 향수병 이미지를 이 배경에 가져오면 되는데, 회색 배경 없이 향수병만 선택해 가져옵니다.

향수병 아래 부분을 자연스럽게 합성하기 위해 마스크로 향수병의 일부를 살짝 닦아줍니다.

03. 향수병 반사 이미지 표현하기 향수병이 바닥에 반사되는 것을 표현하기 위해 향수병 레이어를 복사해서 아래쪽에 배치합니다. 그다음 수평선을 기준으로 대칭되도록 Ctrl + T 키를 눌러 스케일을 조정합니다. 이때 아래쪽에 좌우로 대칭되게 할 것인지 상하로 대칭되게 할 것인지 설정하는 메뉴가 나오면 [상하 대칭] 아이콘을 클릭합니다.

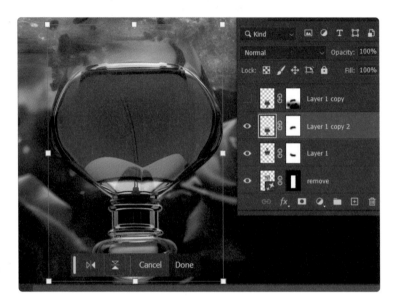

반사된 이미지 부분이 뿌옇게 표현됐으므로 향수병 이미지도 뿌옇게 처리하기 위해 가우시안 블러 (Gausian Blur)로 적당히 뿌옇게 표현합니다.

뿌옇게 처리된 이미지의 아랫부분을 마스크를 클릭해 큰 검은색 브러시로 부드럽게 닦아줍니다. 그리고 반사된 이미지는 다소 약하게 보여야 하므로 투명도(Opacity) 값을 65%로 낮춰서 조금 더 투명하게 합니다.

04. **하이라이트 표현하기** 이제 눈부신 하이라이트를 표현해 보겠습니다. 빛에 의해 생기는 하이라이트를 표현하려면 렌즈 플레어(Lens Flare) 효과를 사용해야 합니다. 먼저 새로운 레이어를 만들고 검은색으로 채웁니다.

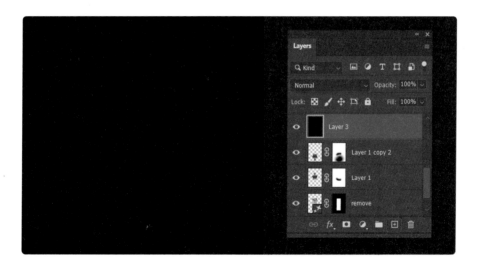

상단 메뉴에서 [Filter] - [Lens Flare]를 선택합니다. 그다음 하이라이트로 표현하기에 적합한 Prime를 선택합니다. 이때 하이라이트의 위치는 살짝 왼쪽으로 치우치는 게 좋습니다.

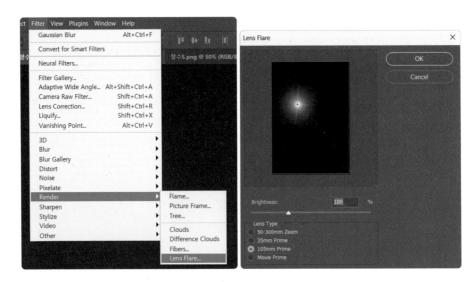

이제 레이어 창에 있는 모드를 Screen으로 바꿉니다. Screen은 검은색을 투명하게 해주기 때문에 흰색 하이라이트만 남고 검은색은 사라진 것처럼 보입니다.

끝으로 이러한 하이라이트를 2~3개 정도 복사해서 적절한 위치에 배치합니다. 공병이니까 향수병에 텍스트를 입력해 마무리 하겠습니다.

지금까지 향수 광고 이미지를 만들어 봤는데, 제품 분위기와 걸맞는 배경을 미드저니로 생성하고, 마찬가지로 포토샵 AI를 활용해 합성 작업을 거치면 누구나 어렵지 않게 광고 이미지를 만들 수 있습니다.

에필로그

디자인을 위한 미드저니라는 책을 통해 우리는 디자인이 단순한 시각적 매력을 넘어서는 깊이 있는 사고와 창의력의 결합임을 알게 되었습니다. 그리고 미드저니라는 이 혁신적인 이미지 생성 AI를 활용하여 새로운 디자인 프로세스의 가능성을 탐색하고, 우리 자신의 창의적 경계선을 넓혔습니다. 이제 여러분은 보다 다양한 방식으로 디자인을 할 수 있으며, 보다 빠르게 창의적인 아이디어를 얻을 수 있습니다. 지금까지는 인간지능만을 활용해서 디자인했다면 미래에는 인공지능과 인간지능을 결합하여 보다 창의적이고 완성도 높은 디자인을 할 것입니다.

이 책의 각 장에서 미드저니를 활용하여 다양한 디자인 과제를 해결하는 방법을 배웠습니다. 미드저니의 기초적인 사용법부터 시작해서 실무에 활용할 수 있는 다양한 디자인 방법에 이르기까지, 미드저니는 우리의 상상력을 현실로 변환하는 강력한 도구임을 증명했습니다. 그리고 그 결과물은 디자이너에게조차 부족하지 않을 정도의 퀄리티를 보여주었습니다. 물론, 다른 이미지 생성 AI도 계속해서 나오고 있고 이미지 품질 또한 매우 높아지고 있기 때문에 미드저니만이 독보적인 존재로 남아있지는 않을 것입니다. 어쩌면 가까운 미래에 미드저니를 능가하는 이미지 생성 AI가 나타날 수도 있습니다. 하지만 여러분들은 미드저니와 함께 했던 추억이 있기에 새로운 AI가 나오더라도 빠르게 적응하고 학습할 수 있을 것입니다.

이 책을 마무리하며 우리는 디자인의 본질적인 가치와 그것이 우리 삶에 미치는 영향에 대해 깊이 성찰해야 합니다. 미드저니와 같은 AI 기술은 우리에게 무한한 가능성을 제공하지만, 진정한 가치는 우리가 그 기술을 사용하여 어떤 이야기를 들려주고, 어떤 철학을 부여하며, 어떤 미래를 상상하는가에 달려 있습니다. 디자이너의 사고 없이 AI가 제시하는 이미지는 포장만 번지르르하고, 내용물은 별거 없는 것과 같습니다. 즉, 디자이너와 AI가 함께 공존해야 하며, AI가 아무리 훌륭한 기능을 가졌다 하더라도 그것을 현명하고 적절하게 사용하고 잘 마무리 할 수 있는 사람은 여전히 디자이너입니다.

디자인의 여정은 결코 단순하지 않습니다. 그것은 끊임없는 학습, 실험, 그리고 성찰의 과정입니다. 미드저니를 사용하는 동안 우리는 자신만의 독특한 스타일을 발전시키고, 자신의 창의력에 도전하며, 때로는 예상치 못한 결과를 활용하는 임기응변도 배웠을지 모르겠습니다. 하지만 이 모든 경험은 우리가 더 나은 디자이너가 되는 데 필수적인 부분입니다. 굳이 감각적인 디자인이 아닌, 평범한 디자인을 하기 위해서도 우리는 많은 연습이 필요합니다. 생각처럼 되지 않는 자신의 작품을 보며 답답해하고 좌절하는 시간도 거쳐야 합니다. 근육을 키우려면 무거운 아령을 들어야 하듯이, 디자인 감각을 키우려면 그 과정에서 수많은 고민과 좌절을 겪어야 합니다. 그러나 많은 사람들은 이러한 과정 속에서 자신의 디자인 감각을 평가절하합니다. 디자인이 자신의 적성에 맞지 않는다고 생각합니다. 그것은 단지 감각적인 디자이너가 되기 위한 과정일 뿐입니다. 혹시라도 자신의 디자인 작품이 마음에 안든다 하더라도 디자인에 대해 쉽게 자기 자신을 평가절하하지 마세요. 그때가 바로 디자인 근육이 강해지는 순간입니다.

미드저니와 함께 여러분의 디자인 생활이 더욱 즐거웠으면 좋겠습니다. 큰 열정으로 학습하느라 수고 많으셨습니다.

찾아보기

memo

memo